CES PROFS QU'ON ASSASSINE

Véronique Bouzou

CES PROFS QU'ON ASSASSINE

Collection « Coup de gueule »

Jean-Claude Gawsewitch Éditeur

130, rue de Rivoli
75001 Paris
www.jcgawsewitch.com
ISBN : 978-2-35013-172-6

Préambule

C'est l'histoire banale d'un professeur de collège qui a l'audace de regarder dans les yeux l'un de ses élèves, un garçon âgé de quinze ans, durant plus de dix secondes. Le soir même, l'adolescent rapporte l'incident à ses parents, prenant bien soin d'insister sur le fait que son prof l'a toisé d'un air extrêmement menaçant. Ces derniers décident de porter plainte, estimant que leur fils a subi un préjudice moral. L'élève se pose en martyr, le souffre-douleur d'un enseignant tout-puissant qui a cherché à l'humilier devant toute la classe.

Ce professeur enseigne depuis une quinzaine d'années. Il a réussi à instaurer un climat de confiance au sein de ses classes et n'a jamais privilégié un élève au détriment d'un autre. Sa carrière, jalonnée d'inspections, s'avère sans faille. C'est un professionnel estimé et apprécié de tous.

Pourtant, du jour au lendemain, il va être traîné dans la boue. Lâché par sa hiérarchie, il est appelé à répondre de ses actes devant le procureur de la République et, bien malgré lui, fait la une des médias.

Une enquête interne est menée afin de déterminer si dans son parcours, le professeur ne présente pas d'antécédents susceptibles de révéler une agressivité latente.

L'affaire est classée sans suite mais cette histoire a comme un goût amer. L'enseignant aimerait bien tourner la page de ce triste épisode. Malheureusement, il est gentiment remercié par son chef d'établissement qui lui demande de quitter les lieux. Sa présence pourrait compromettre la bonne marche du collège. Pour le bien de tous, il est préférable qu'il trouve un arrangement.

Le professeur sera donc muté l'année suivante dans un autre établissement. Il n'a pas le choix. Il devra travailler loin de son domicile pour repartir à zéro, sur de nouvelles bases. À lui de saisir sa chance. En attendant sa mutation, il est placé en arrêt maladie forcé. Comme un paria, un pestiféré, il est mis au banc de la société. Il quitte bien malgré lui ses collègues de travail ainsi que ses élèves, alors que l'année scolaire n'est pas encore terminée. Il n'a même pas le temps de leur dire au revoir. Le cœur serré, il ravale ses larmes.

La nuit, il ne parvient plus à trouver le sommeil. Il prend des tranquillisants. Il est devenu irritable et paranoïaque, persuadé que la terre entière lui en veut. Et puis cet abominable sentiment d'injustice le dévore, cette pensée l'obsède. Pourquoi est-il parti ? Il se sent inutile. Il n'existe plus au regard d'autrui.

Non, il n'a pas le droit de s'avouer vaincu. Il doit réagir. Il veut leur prouver, à eux qui l'ont banni, qu'il a du ressort et qu'il est un battant. Il retourne dans le collège d'où on l'a chassé. Le soir, sans bruit, il pénètre dans sa salle de classe. Il s'y sent bien, à sa place. C'est ici qu'il a décidé de tirer sa révérence.

Le lendemain matin, c'est une employée des services de nettoyage qui le découvre, suspendu à une corde… MORT.

L'enseignant n'a laissé aucun mot pour expliquer son geste. Le ministre de l'Éducation nationale exprime ses sincères condoléances et les responsables administratifs font un communiqué lapidaire à la presse : « le professeur avait des problèmes psychologiques et son acte n'a aucun rapport avec l'incident qui l'a opposé récemment à un élève ».

Affaire classée. Dossier clos…

*

Cette histoire n'est que pure fiction, une complète invention. Le pur fruit de mon imagination ? Pas si sûr… Ces derniers mois, les médias se sont régulièrement penchés sur le problème des enseignants. Mais, une fois n'est pas coutume, c'est dans les rubriques nécrologiques ou faits divers que ces derniers ont reçu le triste privilège de trouver une tribune posthume. Ainsi, la nouvelle année 2009 a ouvert les hostilités avec une série d'événements peu glorieux :

« Une institutrice d'une école maternelle de Bourges a été agressée par la mère d'une enfant (…) la mère de famille aurait considéré comme un manque de respect une remarque de l'institutrice sur son retard pour venir récupérer son enfant. » (*AFP*, 17 janvier 2009)

« Un élève de 12 ans, élève de 5e au lycée catholique Jean XXIII de Montigny-lès-Metz, a agressé avec des ciseaux son professeur d'allemand, la blessant légèrement à une joue. » (Site du *Nouvel Observateur*, 23 janvier 2009)

« Un élève du lycée professionnel Jules-Verne d'Etaples a agressé son professeur en plein cours. Le lycéen avait refusé de retirer ses écouteurs musicaux, comme le lui avait demandé l'enseignant. » (*La Voix du Nord*, 23 janvier 2009)

« Un élève du lycée Branly s'en est pris à l'équipe éducative, blessant et choquant plusieurs adultes. À l'origine de ce coup de sang : une simple remontrance ». L'élève, âgé de 17 ans avait « pété les plombs » et, muni d'une paire de ciseaux, « il courait dans tous les sens ». (*Le Parisien*, 2 février 2009)

« Une professeur d'anglais du lycée professionnel Jean Rostand de Mantes-la-Jolie, a été agressée dans sa classe par une personne extérieure. La jeune femme, enceinte de quatre mois, a reçu deux coups de poing dans la figure puis elle est tombée. (...) Elle a été transportée à l'hôpital au service gynécologie. » (Site de *Ouest France*, 13 février 2009)

Cette série noire vient compléter une liste d'événements tragiques que je rapporterai dans ce livre et qui rend compte des nombreuses agressions dont sont aujourd'hui victimes les enseignants, sans parler de celles que les profs se portent à eux-mêmes en mettant fin à leurs jours.

Prenant conscience de la gravité de la situation, j'ai donc ressenti le besoin de mener ma propre enquête. En effet, je suis moi-même professeur et enseigne le français depuis plus de dix ans dans ces établissements que l'on classe ordinairement sous le qualificatif euphémique de « sensible » ou, plus récemment, sous la bannière prometteuse et pompeuse de « Réseau Ambition Réussite ».

Je connais bien le mal-être enseignant, d'autant que j'habite non loin de La Verrière, ville dans laquelle a élu domicile un centre de réadaptation et de réinsertion des personnels de l'Éducation nationale, l'Institut national Marcel-Rivière, spécialisé en psychiatrie. La question de la dépression est si prégnante chez les enseignants que c'est la MGEN (Mutuelle générale de l'Éducation nationale) qui a créé cette institution médicale qu'elle finance.

*

À travers cet ouvrage, j'ai recueilli le témoignage de professeurs en détresse et de leurs proches mais aussi de médecins et de juristes qui sont les témoins directs de la souffrance qui mine de nombreux enseignants.

J'ai voulu enquêter sur les professionnels de l'enseignement qui risquent autant l'enfermement psychiatrique que les cachots d'une prison et qui en viennent trop souvent à mettre fin à leurs jours. Bien des causes peuvent conduire un professeur vers la folie ou la mort : un procès, des lourdeurs administratives ou même le dénigrement de sa tâche éducative. Car, traînés devant les tribunaux, internés dans des centres psychiatriques de réadaptation ou bien tout simplement déprimés et sous tranquillisants, bon nombre d'enseignants répriment leur malaise et refoulent leurs difficultés professionnelles de peur de passer pour des incompétents ou des pleurnichards.

En effet, les profs sont aujourd'hui la cible de beaucoup de critiques. Ont-ils le droit de se plaindre, eux qui sont protégés par la sécurité de l'emploi à vie et qui bénéficient des vacances scolaires au même titre que leurs élèves ? Combien de fois des « amis » du privé m'interpellent-ils en me demandant si je suis encore en vacances ! Cette sécurité de l'emploi, beaucoup de salariés l'envient aux professeurs comme une sorte de graal.

Sécurité de l'emploi ou prison à vie ? Et si la sécurité de l'emploi rimait plutôt avec insécurité, stress, désarroi, dépression et précarité ?…

*

En quoi le métier d'enseignant est-il donc susceptible d'engendrer stress et névroses en tous genres ? Cette profession, plus qu'aucune autre, constitue-t-elle un vecteur de risques capable d'engendrer des maladies mentales et des troubles du comportement et quelles formes la dépression prend-elle concrètement sur les enseignants ? Le danger tend-il à s'aggraver ces dernières décennies ou bien est-il tout simplement inhérent aux risques du métier qu'un enseignant accepte d'affronter en pleine connaissance de cause quand il prend son poste ?…

La Verrière, un asile pour enseignants

« Il n'y a pas de suicides, il n'y a que des meurtres »
Elsa Triolet, *Les Fantômes armés*

« Moi je me suis suicidé en état de légitime défense »
Jean Giono, *La Femme du boulanger*

C'est la première fois que je me rends à l'Institut Marcel-Rivière, un centre hospitalier spécialisé en psychiatrie. Je suis un peu tendue car j'ai en tête les quolibets que les profs ont l'habitude de se lancer dès que l'un d'entre eux s'effondre en larmes ou qu'il ne parvient plus à se contrôler : « Attention, tu vas finir à La Verrière si tu continues comme ça ! Prends donc un peu de recul… ».

Cet après-midi, j'ai rendez-vous avec Madeleine Abassade, la directrice du Relais Mutualiste, l'association culturelle et de solidarité de la MGEN à La Verrière. Je sonne à un interphone et me présente. La barrière s'ouvre. Je parcours plusieurs centaines de mètres et me gare dans une allée déserte.

Un peu en avance, je profite de l'heure qui s'offre à moi pour faire le tour du propriétaire. L'Institut est vaste. Des espaces verts entourent plusieurs bâtiments ou « pavillons » que des panneaux signalétiques annoncent par des lettres « A », « B » ou « C ». J'apprendrai par la suite que ces pavillons accueillent environ trois cents lits dans lesquels les patients ne sont pas systématiquement regroupés en fonction de leurs pathologies mais où peuvent se mêler les malades traités dans divers services psychiatriques.

À l'origine, l'Institut a été créé à destination des enseignants souffrant de maladies mentales. Par la suite, d'autres patients sont venus s'ajouter à ces effectifs initiaux : de jeunes ayants droit mutualistes souffrant de troubles comportementaux, des personnes non mutualistes habitant dans le secteur sud des Yvelines et souffrant d'addictions comme l'alcoolisme notamment. Aujourd'hui, les enseignants constituent encore un bon tiers des patients. La plupart d'entre eux sont soignés pour dépression.

Mon petit tour me conduit près d'un long bâtiment vieillot. C'est l'hôpital de jour. Les patients y sont reçus par les médecins psychiatres pour la prescription et l'administration des traitements. Un peu plus loin, en contrebas, je découvre un château du XVIIe siècle en excellent état. J'entre dans le vestibule. La personne qui me reçoit m'apprend qu'il s'agit d'un édifice réservé pour des formations et des séminaires professionnels. Je suis un peu déçue… Moi qui pensais que ce lieu accueillait des patients ! Enfin, tant qu'il n'ouvre pas ses portes à des candidats de la « Star Academy »…

Je fais alors marche arrière et parcours du regard les pavillons en béton qui s'alignent dans le parc. Rien à voir avec le château de conte de fées réservé aux stages de formations. Mais on est également bien loin du modèle de la cellule concentrationnaire de l'asile d'aliénés. Un visiteur non initié n'est pas censé savoir qu'il se trouve dans un hôpital psychiatrique. L'espace relativement vaste et ouvert donne de prime abord une sensation de liberté.

Vol au-dessus d'un nid de coucou

En continuant ma promenade, je croise quelques personnes qui déambulent en silence dans le parc. Je finis par entrer dans un réfectoire. C'est la cafétéria. Je prends un verre et m'installe à une table. La salle est pleine. Certains regardent le JT à la télévision, d'autres discutent en finissant de déjeuner. Je saisis des bribes de conversation d'un petit groupe assis non loin de moi. Une femme se confie à ses deux compagnons de table. « C'est mon deuxième séjour ici », leur avoue-t-elle. Et elle enchaîne, calme et résignée : « J'ai fait une tentative de suicide »... Ses interlocuteurs ne sourcillent pas et demeurent silencieux.

À ce moment-là, je sors de ma rêverie et prends conscience de l'endroit dans lequel j'ai mis les pieds : un lieu où des personnes sont en souffrance, malades de dépression, de troubles ou de névroses. Elles sont « internées » ou accueillies ici pour être soignées. Je ne suis pas en visite dans une simple maison de retraite ni en séjour dans un Relais et Châteaux mais bien dans un centre hospitalier.

Gagnée par la mélancolie, je me remémore les propos que m'a tenus il y a quelque temps un professeur qui s'était rendu à La Verrière pour rendre visite à une collègue hospitalisée. Ce qu'il avait surpris dans cette salle l'avait tellement marqué qu'il m'en avait fait une description extrêmement détaillée.

Voici la teneur de ce tableau :

Non loin de là, un homme se tient debout. Il gesticule tout seul. Il ne s'adresse à personne en particulier. En le regardant un peu mieux, on constate qu'il est en train de mimer la gestuelle d'un cours. Il interroge de l'index des élèves invisibles et fait les cent pas dans un espace circulaire bien délimité. Il fait cours, tout bonnement ! Ses mains parlent d'elles-mêmes. D'où mon collègue est assis, il ne perçoit aucun son sortant de la bouche du malheureux mais il parvient à distinguer l'ouverture de sa mâchoire. Le prof pantin hoche la tête pour indiquer son approbation ou son refus. Ce patient est, à n'en pas douter, un professeur que son métier continue d'obséder.

En me rappelant cette mimétique du cours magistral, je suis parcourue de frissons. C'est comme si je l'apercevais, tout près de moi, ce professeur solitaire. Je me mets à la place de ce pauvre clown et espère que l'avenir m'épargnera ce genre de symptôme… J'ai même l'impression d'avoir assisté par personne interposée au film *Vol au-dessus d'un nid de coucou* de Milos Forman adapté du roman de Ken Kesey… sauf que là, je n'ai pas très envie de rire ! Le prof n'est pas Jack Nicholson au sommet de son art mais un malade qui ne parvient pas se dépêtrer d'une idée fixe. Était-il en train de faire le cours idéal qu'il n'avait jamais pu réaliser correctement lorsqu'il était en activité ou bien réitérait-il à l'infini les gestes pour lesquels il avait été conditionné ? C'est le Charlot des *Temps modernes* qui continue à visser des écrous dans le vide après avoir dû répéter ce geste des centaines de fois sur une chaîne de montage.

Une nouvelle image surgit immédiatement dans mon esprit. Celle de ce prof qu'avait rencontré ce même collègue dans le réfectoire en train de corriger des copies dans le vide, sans feuilles ni stylos. Les gestes saccadés de sa main droite mimaient à la perfection les annotations qu'un enseignant a l'habitude d'apporter à ses copies et ce professeur s'accordait même quelques pauses durant lesquelles on pouvait l'entendre soupirer.

Autant dire que de telles « rêveries » n'incitent guère à s'attarder dans ces lieux. Elles renvoient à une certaine vacuité du métier d'enseignant et, en imaginant les deux professeurs dans ce piteux état mental, j'ai eu envie de fuir, non pas que la maladie mentale ou la dépression nerveuse soient contagieuses mais une peur irraisonnée a parcouru mon esprit : et si moi aussi je me mettais à « péter les plombs » ?

L'heure de mon rendez-vous approche néanmoins et me rappelle à la réalité. J'entre dans le bâtiment « Relais Mutualiste » et patiente dans un hall, au rez-de-chaussée. D'une salle adjacente, j'entends s'élever une mélodie lancinante. Je m'approche de la porte vitrée et regarde quelques instants ce musicien qui joue du piano en virtuose. L'air qu'il interprète est si triste, si mélancolique qu'il emplirait d'émotion même un cœur de pierre…

Et si les fous n'étaient pas toujours ceux qu'on croit ?

Un homme svelte entre, me sourit et nous engageons la conversation le plus naturellement du monde. Il me prend pour une psychologue. Quant à moi, je lui demande s'il travaille ici. Je le crois médecin. Malentendu réciproque… L'éclairant sur la raison de ma visite en ces lieux, je me présente à lui et lui explique ma démarche : « Je suis professeur de français et suis en train d'écrire un livre sur le malaise enseignant. Je viens ici pour rencontrer des médecins, des professionnels de la santé mais aussi pour discuter avec des patients. »

Il me répond qu'il n'est pas médecin mais patient. Il s'excuse presque de ne pas faire partie du corps enseignant mais de travailler comme « simple animateur culturel ». Il m'explique qu'il rencontre beaucoup de profs, qui, comme lui, ont sombré dans la dépression. Il me dit qu'il devrait bientôt sortir car il se sent mieux.

Je lui demande quelles sont les raisons qui, d'après lui, peuvent plonger les enseignants dans un tel état d'abattement. Il réfléchit quelques instants et me répond que travailler avec des jeunes au quotidien n'est pas chose aisée, que l'on est souvent livré à soi-même et que cela conduit vite à l'épuisement physique, comme psychologique. Cette extrême fatigue fragilise le mental.

Puis David, c'est ainsi qu'il se prénomme, me raconte les longues discussions qui occupent les soirées des patients. Ces derniers se croient parfois les naufragés ou les rescapés d'un monde qui, tel un bateau à la dérive, se serait abîmé dans les tréfonds de la folie. Il reconnaît que certains patients sont victimes d'hallucinations ou qu'ils ont des accès de schizophrénie. Sans prévenir, ils passent des rires aux larmes sans aucune raison.

« Qui sont les fous ? » me lance finalement mon interlocuteur. Et il précise : « est-ce vraiment normal de se sentir en bonne santé mentale dans une société comme la nôtre ? »

Je lui demande comment il vit son « séjour » à l'Institut. Il reste silencieux une bonne minute puis je l'entends me répondre qu'ici, il a enfin l'occasion de se reposer et de faire le point avec lui-même.

Et je le sors de sa méditation en l'interrogeant à nouveau : « Et qu'en est-il du rapport entre les médecins et les patients ? Le jugez-vous bon ? Êtes-vous satisfait des traitements ? »

« Vous savez, me rétorque-t-il, il n'y a que peu de communication entre patients et médecins. Quant aux traitements que l'on reçoit, ce sont essentiellement des médicaments. » Il m'apprend qu'une fois par semaine, les délégués des patients rencontrent le médecin chef pour dialoguer avec lui et lui faire part d'éventuelles revendications. Puis il ajoute : « Mais chaque semaine entraîne son lot de nouveaux patients et de nouveaux problèmes à gérer. Donc, rien ne change »…

Visiblement, il est désireux d'échanger. Il s'exprime remarquablement bien et me tient un discours on ne peut plus cohérent et intelligent sur le mal-être, sur les médicaments qui abrutissent autant qu'ils sont nécessaires pour calmer les angoisses. Je l'écoute, croyant parler à un médecin et non à un patient. Il a tout à m'apprendre sur ce sujet et semble avoir réfléchi longuement sur les souffrances de l'âme humaine.

Je le remercie vivement pour cet échange empreint d'une certaine spiritualité, ce qui, dans un monde gangrené par le tout-consumérisme et le matérialisme à tout-va, m'apparaît comme quelque chose de rare.

David m'informe que les bureaux des psychologues sont situés à l'étage et que je trouverai certainement la personne que je cherche à cet endroit. Je le quitte donc avec un certain vague à l'âme, monte au premier étage et traverse un long couloir cloisonné par des portes coupe-feu. Tout me rappelle l'hôpital : les murs pâles et le silence. Sur les portes sont inscrits les noms de spécialistes en diététique ou addictions diverses. Et j'arrive enfin au lieu de mon rendez-vous.

L'Art comme moyen de guérison

Madeleine Abassade est une femme charmante, souriante et soucieuse de répondre à mes questions. Notre entretien durera deux bonnes heures.

Madeleine travaille à La Verrière depuis maintenant trente ans. Elle a commencé sa carrière comme institutrice mais elle n'a pas voulu se retrouver « enfermée dans une salle de classe » et a pris peur quand, dotée à l'époque de son certificat d'aptitude pédagogique, elle s'est entendu dire qu'elle était « nommée définitivement ». Comme elle se passionnait pour le théâtre, elle s'est vu proposer un poste à l'Institut Marcel-Rivière.

Madeleine Abassade considère l'art comme un moyen thérapeutique intéressant et essentiel. L'Institut dispose d'une bibliothèque et d'un vrai théâtre dans lequel se produisent des comédiens et des artistes. Des patients et des personnes extérieures à l'hôpital peuvent assister à des représentations publiques et des ateliers sont proposés, mêlant une fois encore, patients et visiteurs.

Je lui demande alors de me raconter La Verrière depuis sa création. Elle m'apprend qu'au début du XXe siècle, des instituteurs s'étaient regroupés pour créer une vie culturelle alors qu'ils étaient fortement touchés par la tuberculose. Issue du milieu ouvrier et travaillant devant des élèves des classes populaires, la profession comptait beaucoup de tuberculeux en ses rangs. En 1947, le vaccin contre la tuberculose est trouvé : c'est le BCG. Les instituteurs se rendent compte qu'il faut à tout prix améliorer les conditions ouvrières et la qualité de vie dans son ensemble. Ils se regroupent et fondent des mutuelles à partir d'une caisse de solidarité qu'ils mettent en commun.

Le prof : un fou en puissance ?

La MGEN est donc créée. C'est une mutuelle qui, à l'origine, inscrit la solidarité dans ses principes fondateurs. Après la tuberculose, les instituteurs constatent que la deuxième pathologie des enseignants est la maladie mentale. Or, ce qui est remarquable, c'est que la MGEN demeure la seule mutuelle investie dans la maladie mentale.

« Il est alors aisé de stigmatiser l'enseignant comme étant un fou en puissance », constate Madeleine Abassade. Mais elle nuance : « Comme l'Éducation nationale regroupe le plus grand nombre de fonctionnaires, c'est sans doute normal de trouver ici plus qu'ailleurs, des salariés atteints de maladie mentale. On tente ainsi de se rassurer comme on peut ! »

L'Institut Marcel-Rivière voit le jour en 1959. Auparavant, les enseignants en souffrance psychique se rendaient dans des hôpitaux de jour, à Paris notamment. Le professeur et psychiatre Paul Sivadon réalise le centre de La Verrière et met au point le principe de la communauté thérapeutique. Il développe un modèle de psychiatrie sociale, sans clé ni serrure, qui s'oppose à l'enfermement des asiles. Grâce à cet Institut, le visage de la psychiatrie a changé.

Je recentre ensuite la discussion sur des questions d'ordre plus « pratique » et lui demande quel est donc ce centre de réadaptation et de réinsertion des personnels de l'Éducation nationale dont fait mention la MGEN sur son site Internet. S'agit-il de l'hôpital de jour Marcel-Rivière ou de l'Institut qui propose d'accueillir les patients lors de séjours prolongés ?

Elle me répond qu'elle appelle ce centre « l'école bleue ». Il s'agit en fait d'une école créée en 1972 dans laquelle les professeurs hospitalisés à La Verrière peuvent venir enseigner, se réinsérer dans la vie professionnelle et se réadapter à l'enseignement. Les élèves scolarisés dans cette école sont des enfants de mutualistes et suivent une scolarité normale avec des enseignants lambda et d'autres qui redeviennent stagiaires, le temps de reprendre pied.

Et je l'interroge : « Quelle est la durée moyenne d'une hospitalisation à La Verrière ? » Mon interlocutrice demeure évasive dans sa réponse mais elle me rappelle que le temps est un facteur clé dans la guérison. Les patients ont besoin de se reconstruire dans la durée. La MGEN permet ainsi aux enseignants hospitalisés à La Verrière de toucher un an de salaire à plein traitement. Avant, cette période s'étendait à deux années.

Afin de clore l'entretien, je lui demande si elle a rencontré cet enseignant venu en séjour à La Verrière et qui avait quitté l'Institut pour mettre fin à ses jours quelques mois plus tard.

Madeleine l'a bien connu. « Il n'était pas guéri » me corrige-t-elle. Et elle ajoute : « Il avait des projets ambitieux, voire grandioses, pour son métier et pour les actions culturelles qu'il souhaitait mener. C'était un perfectionniste. »

Quand je lui suggère l'idée qu'il a peut-être choisi sa mort pour avoir l'impression d'être enfin maître de son destin, elle m'objecte aussitôt : « le suicide n'est jamais un choix. Jusqu'au bout, la personne qui va commettre ce geste espère qu'il y aura quelqu'un pour l'en empêcher, l'en dissuader. Il faut que le suicide continue de nous révolter, que jamais il ne nous laisse indifférent. C'est une souffrance pour la victime mais aussi pour tous ceux qui restent, une humiliation »...

Le téléphone sonne. Il est temps de descendre à la répétition publique de la pièce intitulée *Le chemin des passes dangereuses* de Michel Marc Bouchard à laquelle patients et visiteurs sont conviés.

Sur le chemin du théâtre, Madeleine Abassade me présente une consœur, professeur de français, « en séjour » à l'Institut qui fait partie des délégués des patients à La Verrière, lesquels rencontrent les médecins en sociothérapie une fois par semaine.

Rencontre avec une enseignante souffrant de dépression nerveuse

Une fois seule avec ma « collègue », celle-ci m'interroge sur la raison de ma venue ici et, après avoir écouté attentivement ma réponse, elle se confie à moi. Elle enseignait « dans le 9.3 » me dit-elle. Elle ajoute qu'elle n'est pas soignée à La Verrière à cause de son métier mais « pour des raisons personnelles ». Pourtant, ajoute-t-elle aussitôt, « les élèves nous prennent beaucoup d'énergie. C'est difficile de les tenir quand on est fatigué ». Je m'assois à ses côtés durant la répétition théâtrale. Cette enseignante m'inspire une immense pitié. Son visage est fermé et dur. Elle semble perdue dans ses pensées et ne prête attention à moi que de temps en temps, comme si elle sortait à chaque fois d'un état somnambulique.

À la fin de la répétition, ma collègue de français m'adresse à nouveau la parole, spontanément. « La Verrière, on sait quand on y entre mais jamais quand on en sort… » murmure-t-elle. Et elle me désigne du doigt une patiente. « C'est une prof de maths », chuchote-t-elle. Elle enseignait dans un lycée huppé à Paris et elle ne s'est pas sentie à la hauteur. » Et de commenter aussitôt : « elle m'a raconté que ses élèves la méprisaient. Ils se croyaient tout permis avec leur argent de poche qui dépassait le salaire du prof. C'est pas toujours évident de gérer ça, vous savez ». Et elle me rapporte que cette enseignante sert les poings quand elle relate son expérience au lycée. « Elle préfère ne pas trop en parler » conclut-elle.

Je lui demande depuis combien de temps elle se trouve à l'Institut, combien… « Trop longtemps » me coupe-t-elle, sur un ton désabusé.

Est-elle contente des relations que les patients entretiennent avec les médecins ? Elle soupire qu'elle a attendu « quatre mois avant de voir une psychologue », que « les entretiens avec les médecins sont trop rares » et qu'ils « ne durent que vingt minutes ».

Et que pense-t-elle du théâtre et des infrastructures socioculturelles à La Verrière ? Elle me dit apprécier les ateliers de théâtre mais elle se plaint de leur rareté. « Je faisais du théâtre, avant, avec mes élèves » chuchote-t-elle, le regard dans le vague. Et elle répète : « C'est bien, ici, le théâtre, mais il y en a trop peu »…

Elle m'apprend ensuite qu'elle souffre de dépression nerveuse et qu'elle veut réintégrer l'Éducation nationale. Elle occupe actuellement un poste de réadaptation dans un lycée de la région. Quand je lui demande « lequel », elle me rétorque vivement qu'elle ne veut pas me le dévoiler pour « ne pas se faire repérer » puis elle recule vivement de quelques pas.

Je ne tente pas le rapprochement car je ne tiens pas à la brusquer ni à la blesser. Sa réaction m'a montré à quel point les patients pouvaient craindre d'être montrés du doigt, mis à l'écart ou traités différemment, avec une certaine déférence, condescendance ou compassion.

Comme elle ne veut plus poursuivre cette discussion, je n'insiste pas. Je lui assure juste qu'elle n'a rien à craindre et qu'elle peut parler en toute confiance, que mon but n'est pas de pointer du doigt tel ou tel professeur mais de décrire des cas particuliers qui peuvent avoir une valeur d'exemplarité. Je lui avoue que moi aussi, il m'est arrivé de perdre le moral dans des moments de fatigue et que nul n'est à l'abri du découragement.

Elle me prend alors vivement le bras, me le serre et reprend : « Les médicaments m'ont aidée à tenir. Et puis, ce qui est bien ici, c'est qu'on n'a pas l'impression de se trouver dans un hôpital. Les infirmiers ne portent pas de blouse blanche »…

Il est temps de nous séparer. Ma collègue me demande si je compte revenir à La Verrière. Je lui réponds par l'affirmative et ajoute que peut-être, aurons-nous l'occasion de nous retrouver dans le même collège ou lycée.

Au cours de notre échange, ce ne sont pas ses propos qui m'ont heurtée. Encore une fois, elle m'a parlé en toute franchise et d'une manière on ne peut plus posée et sensée. En revanche, son visage empreint d'une immense tristesse m'a touchée. Sa douleur et son tourment ne sont pas feints et le mot « dépression » prend véritablement tout son sens au moment où l'on perçoit son pouvoir dévastateur sur la personne qui en souffre. Ma première visite s'achève ainsi.

Ma seule chance : m'évader

La nuit est tombée. J'ai du mal à trouver le sommeil… J'erre dans l'immense parc de La Verrière. J'ai froid. Je ne parviens pas à me réchauffer. Je sens une présence. Quelqu'un m'épie, à n'en pas douter… J'appelle. Rien. Ce n'est personne. Juste le souffle du vent qui s'est engouffré dans les interstices des bâtiments ou dans les branches des arbres. Puis soudain, je distingue deux lueurs dans la nuit. Deux yeux ! Vides d'expression. Ils me fixent et avancent vers moi, lentement, inexorablement. Ils sont portés par un visage blafard et morne, sans vie. Je reste figée sur place, incapable de remuer le moindre doigt, littéralement statufiée, pétrifiée. Aucun son ne parvient à sortir de ma gorge asphyxiée… Après les yeux, ce sont deux bras qui jaillissent de l'obscurité. Deux bras décharnés tendus dans ma direction. Mon sang se glace. Ces deux pinces inertes sont sur le point de me toucher, de m'attraper… Alors survient le déclic. Je cours. Ne plus penser à rien. Fuir. Je dois parvenir à gagner la barrière. La sortie ! C'est ma seule chance : m'évader ! Dans ma course, j'entends battre mon cœur. Ses pulsations sourdes et lancinantes finissent par me réveiller... C'est la sonnerie du réveil qui vient de me sortir d'un horrible cauchemar !

Juste le temps de m'en remettre avant mon rendez-vous, une semaine plus tard, avec le médecin psychiatre, le docteur Lermuzeaux.

Cahier de doléances à La Verrière

Un peu en avance, j'entre dans l'hôpital de jour, pensant trouver le secrétariat du médecin. Dans une salle, quelques personnes sont assises en cercle dans un état de léthargie avancée. Immobiles, le regard vague, elles attendent, je ne sais quoi. J'ai l'impression de visiter une maison de retraite où des « petits vieux » attendraient les heures du repas, un peu amorphes.

Je salue ces inconnus qui ne me répondent pas. Je m'avance alors dans un couloir et frappe à une porte sur laquelle l'écriteau indique : « secrétariat médical ». Une dame me renseigne sur le lieu de mon rendez-vous : un grand bâtiment à l'entrée – l'accueil de l'Institut.

Je sors de l'hôpital de jour sans regret. Ces locaux vieillots ne me mettent pas à l'aise.

L'accueil MGEN de l'Institut est vaste. J'annonce ma présence au secrétariat du docteur Lermuzeaux et profite du laps de temps qu'il me reste avant notre entrevue pour vagabonder dans le hall d'entrée.

Je tombe par hasard sur un cahier de doléances destiné aux patients de La Verrière. La variété des calligraphies témoigne du grand nombre de pensionnaires qui éprouvent le besoin de communiquer, de faire valoir leurs droits et d'exprimer leurs desiderata. Que réclament-ils au juste ? Que les douches puissent ouvrir plus longtemps et pas juste une demi-heure avant l'heure du petit-déjeuner ou du déjeuner, que les cabines téléphoniques soient réparées puisque l'usage des téléphones portables est limité. L'un d'entre eux écrit que « le château a de l'allure », que « le parc est bien entretenu » mais regrette aussitôt après le « désert » qui l'environne. Un deuxième déplore la vétusté du matériel informatique. Une autre plainte provient d'une patiente regrettant de ne pas avoir été prise au sérieux par un médecin. Enfin, j'ai le temps de lire d'un énième anonyme que le personnel soignant n'est pas suffisant et donc, « pas assez disponible ».

À ce moment, je dois fermer le livre car on m'appelle pour le rendez-vous.

Rien d'étonnant de lire dans un cahier de doléances les griefs de patients insatisfaits. La teneur critique des petits mots qui remplissent les pages n'a donc rien de surprenant. En revanche, je suis frappée de constater que les pensionnaires de La Verrière ressentent un immense sentiment de solitude et souffrent d'un manque flagrant de communication. Ces frustrations sont-elles dues à leur état, à leur fragilité ? Y a-t-il effectivement une pénurie du personnel soignant ? Autant de questions que je me pose à la lecture de ces quelques pages.

Comment la plus grande entreprise nationale peut-elle perdurer sans médecine du travail ?

Le docteur Lermuzeaux m'accueille ensuite dans son bureau. Il est médecin chef d'établissement à l'Institut Marcel-Rivière. Il est bien évidemment tenu d'un certain droit de réserve vis-à-vis de son employeur et du secret médical en raison de son statut de médecin.

Je lui demande si l'Institut accueille exclusivement des personnels de l'Éducation nationale. Il me répond que, « à l'origine, c'était globalement le cas mais que la tendance s'est inversée. Si avant l'hôpital accueillait essentiellement des mutualistes d'origine régionale ou nationale, il s'est depuis recentré sur les Yvelines. Depuis les années 90 et notamment, en 1996 avec les ordonnances Juppé et la régionalisation, l'hôpital se doit de soigner les patients du territoire de santé Sud-Yvelines. Désormais, 70 % des patients proviennent des Yvelines contre seulement 30 % de mutualistes régionaux ou nationaux ».

Une fois ce cadre posé, j'en viens alors à l'interroger sur le cas des enseignants pour lesquels l'Institut a été conçu à l'origine. De quels maux ces derniers souffrent-ils ? Sont-ils affectés par des pathologies spécifiques ?

Le docteur Lermuzeaux me répond qu' « ils peuvent présenter tous types de pathologies mentales » mais que, « dans leur grande majorité, ils souffrent de différentes sortes de dépression et, à moindre degré, de décompensation névrotique, psychotique ou de troubles de conduites en la forme d'addictions, telles que l'alcoolisme ».

Je le prie alors de bien vouloir me rapporter les souffrances dont les professeurs lui font part dès leur arrivée La Verrière.

« Les professeurs déplorent le fait que les élèves et leurs conditions de travail soient trop difficiles » m'apprend le médecin psychiatre. Et il précise que « parmi les enseignants qui viennent en séjour à l'Institut, très peu d'entre eux ont été victimes d'agressions. Il s'agit davantage d'incivilités répétées ».

Je l'interroge donc sur les facteurs qui les ont amenés à « craquer ».

« Ce qui est mis en avant le plus souvent par les enseignants est le climat de tension et de stress dans les établissements. Puis vient le manque de reconnaissance de leur travail » énumère le docteur. Il me rapporte que « la plupart des parents d'élèves ne souhaitent qu'une chose : que leur enfant obtienne le bac. Le travail du prof, ils ne le reconnaissent pas vraiment ». Enfin, conclut-il, « les enseignants disent souvent souffrir d'un manque de soutien, à la fois de leurs pairs et de la part de leur hiérarchie ».

Et y a-t-il un profil d'enseignants qui viendrait « séjourner » à La Verrière ? Je l'interroge.

Le docteur m'apprend que la répartition des patients en fonction du sexe est similaire à celle du personnel enseignant, à savoir 57 % de femmes et 43 % d'hommes. Par ailleurs, il constate que « l'hospitalisation à La Verrière intervient très souvent à deux moments de la carrière enseignante. Soit il s'agit d'une jeune enseignante ou d'un jeune enseignant qui a fait de bonnes études, qui manque encore de maturité et qui n'est pas préparé à affronter la dure réalité du terrain. Soit on rencontre des professeurs en milieu de carrière que le métier a usés ». Concernant ces derniers, je sais d'expérience qu'ils ont perdu leurs belles illusions et qu'ils n'ont plus l'énergie suffisante pour puiser la force de continuer à se battre.

Si les enseignants souffrent de dépression, leur métier est-il un facteur aggravant ? Dans quelle mesure est-il possible de mesurer l'impact de cette profession sur la maladie ?

« Certaines dépressions sont principalement d'ordre biologique, d'autres plus psychologiques, directement liées à des événements de vie » rappelle le médecin. Et il reconnaît que « certains sont plus sensibles que d'autres et ne surmontent pas les difficultés de la même façon. » Mais le vecteur de stress n'est pas négligeable dans le déclenchement de la dépression et dans son développement.

Et ces professeurs, guérissent-ils toujours d'une dépression ?

Le docteur Lermuzeaux se montre optimiste et m'affirme que, « à ce jour, on s'accorde à reconnaître que 70 % des dépressions guérissent ». Et, « dans la mesure où intervient dans la dépression une perturbation du fonctionnement biologique du cerveau, explique le docteur Lermuzeaux, les antidépresseurs interviennent dans le traitement de la dépression ».

Je lui demande alors de m'apporter des compléments d'informations sur ce centre de réadaptation, cette « école bleue » dans laquelle les enseignants sont censés suivre des stages pour réintégrer l'enseignement. Il m'avoue qu'il y a quelques années, le centre accueillait tous les ans une petite centaine de professeurs pour des stages de réinsertion. Aujourd'hui, l'école bleue n'accueille plus qu'une trentaine de professeurs chaque année. De même, mon interlocuteur m'apprend que, « en même temps que l'école bleue permet de faciliter la réintégration professionnelle, elle permet parfois aussi de préciser pour certains enseignants un projet de réorientation professionnelle ».

Ces enseignants en réadaptation sont pensionnaires à l'Institut Marcel-Rivière depuis une durée assez longue et ne sont pas toujours prêts à réintégrer l'enseignement. Le centre de réadaptation est là aussi pour leur permettre de se rendre compte qu'ils risquent à nouveau de perdre pied devant des élèves. Il vaut mieux qu'ils s'en aperçoivent rapidement car, à « l'école bleue », ils sont accompagnés d'un tuteur et ne sont pas livrés à eux-mêmes.

Enfin, les professeurs ne sont pas les seules victimes d'un système éducatif qui semble avoir la fâcheuse tendance de broyer les bonnes volontés. Le docteur Lermuzeaux tient à préciser que « parmi les patients soignés à La Verrière qui font partie du personnel de l'Éducation nationale, on rencontre tous types de catégorie professionnelle des métiers de l'enseignement ». Certains conseillers principaux d'éducation, chefs d'établissement ou recteurs d'académie côtoient ainsi des enseignants à La Verrière. Nul n'est à l'abri de la dépression…

La défaillance de l'Éducation nationale en matière sanitaire apparaît flagrante. En effet, comment la plus grande entreprise nationale peut-elle perdurer sans médecine du travail ?

Je pense terminer sur une note d'humour en demandant au docteur Lermuzeaux s'il y a des tentatives d'évasion à La Verrière puisque le centre fonctionne selon le principe du « ni clé ni serrure ».

Si le médecin n'évoque pas d'évasion, il m'apprend que « certains malades qui peuvent être dangereux pour eux-mêmes ou pour autrui, du fait de leur trouble mental, peuvent être soignés durant une certaine période dans une chambre d'isolement thérapeutique, ne sortant alors qu'accompagnés de personnel soignant ».

Le médecin m'a accordé une bonne heure de son temps. Il doit me quitter pour rejoindre ses patients. Il me propose néanmoins d'assister à une séance de « classe thérapie » qu'il mène avec quelques patients tous les quinze jours. Malheureusement, je n'aurai pas l'occasion d'y assister durant l'année dans la mesure où mon devoir de prof m'appelle, au même moment, auprès de mes élèves…

Passer toute sa vie à l'école peut-il rendre dingue ?

Pour percevoir en profondeur toute la gravité du mal-être enseignant, il convient de se demander pourquoi les premiers intéressés ont choisi d'exercer ce métier. Pour les plus idéalistes d'entre eux qui estiment que l'école de la République leur a tout donné, le désir est fort de passer le flambeau aux plus jeunes. Or, les profs vont de désillusion en désillusion en constatant que l'image « noble » qu'ils se faisaient de leur métier n'existe pas dans la réalité. Ils finissent par se sentir inutiles car ils sont sans cesse empêchés dans leur tâche. Ils ont souvent l'amère impression que leurs élèves n'ont rien appris et que les bons sont délaissés au profit des mauvais qui monopolisent toute leur attention. Ce sentiment d'injustice les ronge de l'intérieur. Ils sont atteints d'un syndrome bien réel qui n'a pas encore trouvé de nom mais qui s'apparente au passage forcé sous la douche froide. Un vrai coup-de-poing dans le ventre que celui de constater la ruine du système éducatif…

On pourrait même se demander si des raisons d'ordre psychanalytique n'entrent pas en jeu pour expliquer les névroses enseignantes. En effet, bon nombre de profs n'ont jamais connu que l'école comme univers. Certains d'entre eux enseignent même dans le collège ou le lycée où ils ont fait leurs études en tant qu'élève. N'y-a-t-il pas une sorte d'infantilisation de ce métier ? Passer toute sa vie à l'école peut-il rendre dingue ? Il y a de quoi le penser… Car, lorsqu'un enseignant ne croit plus en ce qu'il fait, c'est tout son monde qui s'écroule. Le cocon protecteur dans lequel il croyait se trouver se fissure et son état mental en pâtit lourdement.

La salle des profs : l'antichambre de l'asile psychiatrique

Si l'Institut Marcel-Rivière accueille donc à La Verrière des professeurs atteints de dépression nerveuse, bien d'autres enseignants en activité présentent, eux aussi, des symptômes traduisant des signes névrotiques plus ou moins avancés. Parfois, j'ai même l'impression que certains établissements scolaires renferment des professeurs qui ne vont pas bien du tout et que les salles des profs s'apparentent à des antichambres d'asiles psychiatriques.

Sans tomber dans la caricature, il est vrai que l'on rencontre quelquefois des enseignants qui ne parviennent pas à cacher leur trouble et leur fatigue nerveuse. Comment leur mal-être se caractérise-t-il ?

Certains enseignants se plaignent de courbatures diverses, de maux de tête. On les croise dans la salle des professeurs ou dans les couloirs et leur visage demeure figé. Certains d'entre eux rasent littéralement les murs du collège, tête baissée. Ils ruminent tout bas. Quand on les interpelle ou qu'on a le malheur de leur poser la main sur l'épaule, ils sursautent, effrayés.

J'ai eu l'occasion de côtoyer des profs qui venaient travailler avec les yeux rouges, avouant à demi-mot qu'ils avaient mal dormi et qu'ils appréhendaient de retrouver leurs élèves.

D'autres se montrent lunatiques. À des éclats de rires inexpliqués succèdent des crises de larmes ou des cris irraisonnés qui dissimulent un stress latent. Ils hurlent presque sur leurs collègues de travail, comme s'ils reportaient sur ces derniers toute leur colère refoulée.

Quand un prof n'a pas su gérer un problème avec un adolescent, il lui arrive parfois de ressasser à voix haute son différend. Il parle tout seul et répond à l'élève absent ce qu'il n'a pas su lui dire à temps.

Quant à moi, il m'est arrivée de ne pas trouver le sommeil après avoir eu maille à partir avec un élève. Agitée, nerveuse, c'est le ventre serré que je retournais travailler.

On rencontre souvent des collègues qui affichent une nonchalance feinte avant de retrouver leurs classes. Ils plaisantent, lancent à la cantonade qu'ils vont chercher leurs « monstres » mais on sent d'instinct leur estomac qui se noue et leurs larmes qu'ils ravalent. Il suffit juste de voir à quelle vitesse certains d'entre eux se précipitent à l'extérieur de l'enceinte scolaire pour avoir le temps de « s'en griller deux », au minimum, à chaque récréation. Qu'ils doivent désormais s'exiler dehors pour fumer ne les arrête pas. Ils n'ont pas réduit leur consommation de tabac pour autant et ils prennent leur dose de nicotine comme une sorte de calmant, un mal nécessaire.

L'enseignement est un métier qui occupe l'esprit en permanence, même durant le sommeil parfois ! Quel prof n'a jamais rêvé qu'il faisait cours dans un chahut monumental avec des élèves hystériques qui montaient sur les tables ? Au quotidien, la fatigue nerveuse se traduit par des oublis de clés, de sac à main. Pour ma part, lorsque je prends ma voiture pour rentrer chez moi après une journée de cours, je reste souvent absorbée par mon travail. Le trajet représente presque un sas de décompression qui me permet de quitter mon « habit » de prof avant de retrouver mes proches.

Chez certains professeurs, la névrose s'accentue et c'est la maladie mentale qui s'installe. Cela se traduit par une paranoïa grandissante. Ces enseignants sont alors persuadés d'être la risée de leurs élèves. Ils se sentent nuls et mal-aimés. Une fois, j'ai pris dans mes bras une jeune collègue qui venait de s'effondrer en larmes après un cours où les élèves s'étaient montrés particulièrement bruyants et indisciplinés. Elle pleurait et me disait d'une voix entrecoupée par des sanglots qu'elle ne savait plus quoi faire, qu'elle n'en pouvait plus. Je l'ai réconfortée en lui faisant part de mes difficultés lorsque je débutais dans le métier. Je lui ai même proposé d'assister à ses cours pour lui dispenser quelques conseils mais elle a refusé.

La paranoïa touche un grand nombre d'enseignants, à des degrés très divers cependant. Il faut dire que les profs sont « en représentation » quotidienne devant une trentaine de paires d'yeux braquée sur eux et que les élèves ne leur portent pas toujours un regard bienveillant. Il suffit parfois qu'un adolescent se mette à pouffer de rire, à ricaner ou à glisser quelques mots à voix basse à l'oreille de son voisin de table pour que l'enseignant se sente visé. Une de mes collègues s'est un jour confiée à moi et m'a avoué qu'elle ne supportait plus les ricanements de certains élèves. Elle était convaincue qu'ils se moquaient ouvertement d'elle. « À chaque fois, j'ai l'impression d'avoir quelque chose qui cloche sur moi et je me mets à bafouiller. Je n'ose même plus me retourner dos à la classe » m'avouait-elle régulièrement. Et il n'est pas si rare de croiser des collègues qui cumulent aux regards fuyants des bougonnements imprévisibles. Des syndromes proches des tics ou des tocs guettent certains d'entre eux.

Pire encore… J'ai connu un enseignant qui s'enfermait à clés pendant son cours, qui ingurgitait des craies et les recrachait sur ses élèves. Il était littéralement en train de devenir fou…

Un autre exemple non moins éloquent est celui d'une prof qu'un de mes collègues a surpris en train de danser sur une table. Le proviseur l'a suspendue de ses fonctions et l'enseignante a fait une tentative de suicide avant de se retrouver à La Verrière.

Enfin, une jeune enseignante rapportait une fois dans la salle des profs que lorsqu'elle était lycéenne, l'un de ses professeurs leur jetait parfois, en guise de projectiles… des chaises ! Un autre visage de la démence ?

De la salle des profs à La Verrière, il n'y a donc visiblement qu'un pas à franchir. Trop de professeurs aujourd'hui en font l'amère expérience…

Mais quand un professeur parvient à échapper à l'internement en asile psychiatrique et à la camisole de force, il court encore le risque de se voir enfermé dans les geôles d'une prison après avoir dû passer de longues heures entre les murs d'un commissariat pour une garde à vue forcée… Vous avez dit justice ?

Quand la justice s'en mêle

« Un collégien de l'Aisne prétendant avoir reçu un coup-de-poing en classe d'un professeur qui s'était ensuite suicidé, fin septembre, après sa garde à vue pour cette agression supposée, a reconnu avoir menti. »

(*Le Figaro*, 25 octobre 2008)

Dans une société de plus en plus légaliste où les règlements à l'amiable des conflits mineurs ne sont plus systématiques, les plaintes en tous genres et les recours en justice se multiplient et l'École n'échappe pas à cette nouvelle donne.

Les faits divers des quelques dépêches qui jalonneront ce livre rendront compte à la fois de la multiplication des incivilités et des violences à l'égard des professeurs mais aussi des assignations en justice auxquelles ces derniers sont soumis quand ils sont accusés par certains parents qui croient sur paroles les dires de leur enfant, parfois à tort.

Mon dessein ne consiste pas à dédouaner certaines « brebis galeuses » qui nuisent à l'image des enseignants. Il est sans doute probable que certains professeurs peuvent avoir des comportements déviants qu'il est juste de réprimer. Mais la plupart d'entre eux font de leur mieux pour aider les élèves, avec des résultats plus ou moins heureux, des succès et des échecs relatifs.

Les nouveaux risques du métier

Les enseignants se retrouvent bien souvent démunis lorsque la machine judiciaire se met en marche. Comment payer les honoraires d'avocat s'ils sont traînés devant les tribunaux ? À l'inverse, comment réclamer justice et réparation quand ils ont subi un préjudice physique et moral d'un élève, d'un « grand frère » ou d'un parent d'élève ? Dans ce genre de situations, que fait le chef d'établissement, l'inspection académique, le rectorat ? Et comment les affaires se règlent-elles ?

J'ai posé toutes ces questions à un instituteur à la retraite, André Ratabouil, qui a enseigné à Trappes et qui depuis plus de cinq ans a accepté un poste de bénévole à l'ASL (Autonome de solidarité laïque), une association créée en 1903 pour avertir, conseiller et aider les enseignants au sujet des risques du métier, notamment en matière judiciaire. Près de 540 000 enseignants adhèrent aujourd'hui à cette association.

André Ratabouil, homme jovial, travaille à la section des Yvelines. Il me reçoit au mois de novembre dans son bureau. L'Autonome de solidarité laïque a beaucoup évolué depuis sa création en 1903. L'instituteur à la retraite m'explique que, « au début, les enseignants adhéraient à l'ASL pour parer aux risques d'accidents de leurs élèves durant le temps scolaire ». « Aujourd'hui, constate-t-il, tout a changé. Les professeurs ont désormais à faire face à une agressivité latente de leurs élèves et à certains parents d'élèves qui n'hésitent plus, pour un oui ou pour un non, à porter plainte contre eux. »

André Ratabouil me confie que les plaintes des parents constituent la principale évolution de ces dix dernières années et plus de 50 % des principaux dossiers de l'ASL.

Des gardes à vue traumatisantes

Quand un professeur se retrouve sur le banc des accusés, il devrait en théorie pouvoir bénéficier d'une protection juridique de l'État, comme le stipule son statut de fonctionnaire. Mais dans la pratique, si les instances hiérarchiques de l'Éducation nationale émettent des doutes quant à son innocence ou sa culpabilité, elles attendent le jugement pour intervenir et prendre à leur charge les frais déboursés par l'enseignant. En aucun cas le rectorat ne défend un professeur reconnu coupable. Le problème est que même innocent, celui-ci doit souvent avancer des sommes faramineuses pour payer un avocat et passer par l'étape obligée et traumatisante de la garde à vue.

Mon interlocuteur me rapporte le cas d'un professeur d'EPS (Éducation physique et sportive) accusé de viol par une élève, plusieurs années après les faits supposés. « Cet enseignant a eu de la *chance*, si on peut dire, parce que le rectorat l'a très vite reconnu innocent et lui a accordé une protection juridique. » Et il explique que « dans ce cas précis, l'adolescente était suivie depuis quelques années par des psychologues à La Verrière et que, grâce à maints recoupements, ses propos incohérents et contradictoires se sont révélés erronés. Malgré cela, l'enseignant a dû rester en garde à vue. Quarante-huit heures durant lesquelles il n'a cessé de clamer son innocence. Mais il s'est senti sali, humilié ».

On oublie un peu trop souvent à quel point la garde à vue s'avère traumatisante pour les enseignants qui, en dernier lieu, finissent par être lavés de tout soupçon. Ils se sentent atteints dans leur intégrité physique et morale et ne s'en remettent pas toujours. On pense bien sûr à ce professeur accusé d'avoir donné un coup-de-poing à un élève et qui, à sa sortie de garde à vue, a mis fin à ses jours avant que la victime supposée n'avoue avoir menti. Une tragédie médiatisée pour bien d'autres drames passés sous silence…

Un prof est censé donner l'exemple et en cela, il sait qu'on l'attend au tournant et qu'à la moindre défaillance de sa part, l'opinion publique est prête à le « dévorer tout cru ». Nul besoin d'être devin pour imaginer les interrogatoires auxquels il est soumis dans les commissariats. Il a beau plaider sa bonne foi, il sait que sa parole sera systématiquement remise en cause. D'ailleurs, en France, n'est-il pas du devoir de l'accusé d'apporter les preuves de son innocence ? La notion juridique du « présumé innocent » s'avère bien mince lorsque votre nom a fait la une des médias… Comment retrouver une vie normale après ?

Des sanctions démesurées ?

Que risque donc l'enseignant ? André Ratabouil me rappelle que les sanctions qu'il encourt vont du simple blâme, sorte de rappel à la loi, à la radiation qui est prononcée dans des situations rarissimes comme des cas avérés de pédophilie, par exemple. Mais entre les deux, le professeur peut être muté d'office, suspendu pendant quelques mois ou bien peut perdre un échelon, ce qui équivaut à une diminution de son salaire.

Quelles fautes professionnelles peuvent-elles alors expliquer de telles sanctions ? J'apprends du responsable de la section Yvelines de l'ASL que les sanctions peuvent parfois sembler bien disproportionnées au regard des faits reprochés. Il me présente l'exemple d'un professeur qui aurait répondu à une élève que, avec les beaux yeux qu'elle avait, elle n'avait pas de souci à se faire pour son avenir et qui a été sanctionné d'un an de suspension sans toucher de salaire pour motif d'« incitation à la débauche ». La sanction, dans ce cas, n'était-elle pas démesurée ?

Un autre exemple beaucoup plus grave a conduit un professeur au suicide. Dix ans après les faits, l'enseignant se voit accusé d'attouchements par une élève devenue majeure. Aucune preuve n'est fournie à son encontre et aucune autre de ses élèves ne s'est jamais plainte. Le professeur est apprécié de tous. De plus, les accusations formulées par la jeune adulte suivie régulièrement par un psychiatre l'ont été sous hypnose. Le professeur nie tout et n'est nullement mis en cause par d'autres anciens élèves. Ne supportant pas cette mise en accusation, il se pend, emportant avec lui la vérité sur cette affaire.

Le prof : le bouc émissaire de l'échec éducatif

Selon André Ratabouil, ancien instituteur doté d'une riche expérience et reconverti en quelque sorte en conseiller juridique des enseignants, la multiplication des plaintes vient du fait que, dans notre société, notamment dans les milieux modestes, « on ne croit plus à l'École pour s'en sortir ».

Je partage son point de vue. Désormais, le professeur n'est plus celui à qui les parents confient aveuglément leurs enfants ni celui grâce auquel les jeunes pourront obtenir un diplôme et un passeport pour l'emploi. L'École est souvent méprisée et trop de parents la considèrent comme une garderie bien plus qu'un tremplin pour devenir un adulte instruit, cultivé et prêt à vivre de façon autonome.

Cette rancœur envers un système scolaire qui ne permet plus aux élèves d'entrer sereinement sur le marché du travail, de plus en plus de parents la font aujourd'hui ressentir aux enseignants. Le nouveau bouc émissaire de l'échec éducatif, c'est le prof. Désormais, c'est de sa faute à lui si un élève n'a pas les compétences requises pour accéder à telle ou telle école. Pire, si à la fin de la terminale, un jeune ne décroche pas le bac, c'est que ses professeurs n'ont pas su le préparer comme il le fallait.

Des élèves assistés d'un avocat lors des conseils de discipline

Et si les élèves, mécontents des décisions énoncées au conseil de classe au sujet de leur orientation se mettaient à attendre leurs professeurs à la sortie pour régler leurs comptes ? Scénario de science-fiction ? Pas si sûr… En effet, les élèves connaissent tellement bien leurs droits qu'ils se font de plus en plus souvent assister d'un avocat lors des conseils de discipline. Ce qui est aberrant, c'est que l'avocat peut casser toute décision collégiale prise notamment par l'équipe enseignante pour exclure un élève très pénible sur simple vice de forme. Comment est-il possible après cela de faire entendre sa voix quand les élèves savent qu'ils ne craignent absolument rien et que les menaces de sanctions peuvent tomber à l'eau pour une broutille ?

André Ratabouil m'apprend que même le règlement intérieur d'un collège ou d'un lycée peut s'avérer hors-la-loi. Ainsi, lorsqu'un enseignant confisque un téléphone portable à un jeune qui vient de le faire sonner en classe, il doit pouvoir se référer au règlement intérieur pour indiquer à l'élève comment l'objet lui sera restitué. Mais qui est habilité à confisquer un téléphone ? Et comment faire si « l'objet du délit » est dérobé avant sa restitution au propriétaire ?

Un autre cas de litige concerne l'attribution du zéro pour mauvaise conduite. « C'est formellement interdit » me confirme le bénévole de l'ASL. Le zéro est toléré si l'élève rend copie blanche mais en aucun cas son comportement ne doit venir « polluer » ses résultats scolaires.

Je sais, quant à moi, qu'une « note de vie scolaire » a été instaurée l'année dernière dans les collèges. Mais je n'ai pas vraiment constaté d'impact au niveau d'un changement de comportement de nos élèves. Seules les moyennes inscrites par discipline sur leur bulletin comptent. Le reste, c'est un grand bluff organisé. Les collégiens ne sont pas dupes et savent qu'ils ne craignent pas grand-chose quand ils se trouvent dans l'enceinte du collège. La loi, c'est eux qui la font, à l'extérieur, dans les cités.

Comme les professeurs n'ont pas le droit de riposter quand ils se font agresser par des élèves mineurs, certains en viennent à franchir la « ligne rouge ».

Ainsi, à l'automne 2007, dans le Val-d'Oise, un enseignant a été accusé durant son procès d'avoir ceinturé un jeune de troisième pendant que d'autres élèves le frappaient. Le professeur a reconnu avoir donné l'autorisation de s'en prendre à la victime mais a nié le fait d'avoir ceinturé l'adolescent. Un an plus tard, l'enseignant a été autorisé à reprendre ses fonctions en ayant l'assurance que sa condamnation ne serait pas inscrite sur le bulletin 2 de son casier judiciaire, c'est-à-dire, sur celui qu'est censée réclamer toute administration.

Ce professeur a-t-il « pété les plombs » ? Que s'est-il passé pour qu'il en arrive là ? Se sentant démuni pour punir un jeune « difficile », a-t-il demandé à ses élèves de faire le « sale boulot » à sa place, dans la mesure où eux ne risquaient pas, comme lui, d'être inquiétés par la justice ? Aussi condamnable et blâmable puisse apparaître une telle conduite, elle traduit bien le vide juridique qui existe en matière d'autorité.

Mais derrière un tel geste, ne lit-on pas aussi l'expression d'une immense lassitude et d'une extrême fatigue nerveuse qui peut conduire quiconque à des défaillances ou à des actes répréhensibles ?

Le parcours du combattant du professeur victime d'une agression

Dans le même temps, quand l'enseignant se place du côté de la victime, il en vient à porter plainte à son tour. Mais c'est une véritable épreuve pour certains d'entre eux de pénétrer dans les locaux d'un commissariat. En effet, même s'ils se présentent comme de simples témoins, ils ont encore l'impression d'être jugés alors que ce sont eux les victimes ! Le prof s'interroge : « Et si l'on ne me croyait pas ? Si on me prenait pour un affabulateur ? De simple témoin, je vais peut-être passer pour suspect »… Aussi étrange que cette réaction puisse paraître, un enseignant victime d'agression ou d'incivilité peut en venir à culpabiliser. Et puis surtout, plus ou moins consciemment, il craint les représailles de l'élève et de l'entourage de ce dernier. Ainsi, j'ai rencontré une surveillante d'un collège qui avait été victime d'attouchements à un abribus par des élèves de 6e et qui n'osait plus mettre les pieds dans l'établissement. Plus grave : les élèves savaient où elle habitait. Les forces de l'ordre avaient conseillé à la jeune femme de rester chez elle… Elle en était venue à regretter de s'être rendue à la police pour porter plainte. Le silence au prix de la « tranquillité » ?

J'ai dû moi aussi témoigner au commissariat après qu'une de mes élèves s'était jetée volontairement par-dessus la rambarde de sécurité. Un officier de police m'avait posé une série de questions pour déterminer le moment exact où la jeune fille avait sauté. Avant ou après la sonnerie marquant le début des cours ? Il était question de déterminer la part de responsabilité de l'établissement dans cette affaire. Heureusement, tout était « en règle », si l'on peut dire et je n'avais pas cette élève en cours à ce moment de la journée. Mais qu'en aurait-il été si je lui avais donné l'autorisation de sortir de ma classe pour aller aux toilettes ou à l'infirmerie ? La tentative de suicide de l'élève aurait sans conteste été placée sous ma responsabilité…

En effet, si la machine judiciaire n'hésite pas à se mettre en marche et à tout ébranler sur son passage quand l'enseignant est à peine soupçonné, le déséquilibre inverse se produit lorsque celui-ci endosse le statut de la victime. Le parcours du combattant commence alors.

La première étape consiste à faire enregistrer la plainte. Quand un professeur entre au commissariat ou à la gendarmerie pour rendre compte d'une menace que lui a proférée un élève ou pour dénoncer une violence verbale, physique ou tout autre acte de malveillance perpétré à son encontre, les forces de l'ordre lui recommandent vivement de déposer une main courante plutôt qu'une plainte. Et pour cause, la main courante ne donne pas lieu à une suite judiciaire et ne vient pas gonfler les chiffres de délinquance.

Si l'enseignant est parvenu à franchir ce premier obstacle, il lui reste encore à faire valoir sa bonne foi et à apporter des preuves pour étayer ses accusations. Pour cela, il lui faut des témoins prêts à accréditer ses propos. Si le prof a reçu des menaces pendant un cours, les autres élèves accepteront-ils de témoigner contre leur camarade de classe ? Oui dans l'absolu mais la crainte des représailles dans la cité terre parfois les témoins potentiels dans le silence et l'enseignant se retrouve seul avec « son problème ».

Un dernier obstacle auquel se heurte le « prof victime » vient de la non-solvabilité de son agresseur. Quand l'élève ou les parents ne sont pas en mesure d'apporter une réparation financière à l'enseignant suite à un préjudice qu'il a subi, qui paie l'amende ? « En théorie, soupire André Ratabouil, c'est l'État qui doit se substituer au coupable quand ce dernier n'est pas solvable. Mais en réalité, jamais l'État ne paie quoi que ce soit. » L'enseignant n'a donc pas grand-chose à attendre en guise d'un quelconque dédommagement.

Pour ma part, j'ai « visité » à deux reprises les locaux d'un commissariat. Les deux fois, j'ai déposé une « plainte contre X ». Les agents de police n'ont pas sourcillé pour enregistrer ma plainte mais jamais on ne m'a tenu informée d'une suite éventuelle donnée aux deux affaires.

Il y a donc quelques années de cela, je retrouve mon rétroviseur gauche littéralement « fracassé » sur le parking d'un magasin dans lequel je suis à peine restée cinq minutes. Or, au moment même où je sors de ma voiture, j'aperçois un élève que j'ai eu en classe l'année précédente. Je ne le vois pas casser mon rétroviseur. Je n'ai donc aucune preuve tangible. Mais nos regards se sont croisés et je n'ai aucun doute sur sa culpabilité. Je me sens démunie et terriblement en colère contre la méchanceté gratuite d'un tel acte, d'autant plus que je n'ai jamais rencontré de problème avec cet élève. Il a voulu « casser du prof », c'est tout et je me suis trouvée là au mauvais moment. À l'injustice dont je suis victime s'ajoute le sentiment d'impuissance. L'élève en question ne fréquentant plus le collège, je sais d'emblée que j'ai perdu d'avance.

L'année dernière, c'est un portefeuille qu'un élève me dérobe. Là encore, je connais l'identité du voleur mais je n'ai aucune preuve. Le vol se produit en plein cours alors que je circule dans les rangs pour aider les élèves dans la rédaction de leurs brouillons. Mon sac à main est posé sur l'accoudoir de ma chaise, devant mon bureau.

À la fin du cours, je rentre chez moi et m'aperçois que je n'ai plus mon portefeuille. Dès le lendemain, une surveillante du collège retrouve tous mes papiers dans une poubelle extérieure au collège. C'est un élève qui les lui a signalés. En revanche, la centaine d'euros qui s'y trouvait a disparu. Le problème est que le « gentil élève » qui vient de retrouver mes papiers s'avère être le même qui était assis au premier rang le jour du vol, le plus proche de mon sac à main. Un autre élément non moins surprenant est qu'il fait circuler pendant le cours de sport une carte de visite qui m'appartient. C'est le professeur d'EPS qui me l'apprend.

Sur ce, je convoque les parents et demande au principal de m'accompagner durant l'entretien. La mère se met dans tous ses états, m'assure que son fils lui dit toujours tout et qu'elle le saurait, s'il m'avait volé le moindre centime. Mais au moment où je fais mention de la plainte que j'ai portée « contre X » au commissariat, elle me rétorque vivement qu'elle est prête à me donner en espèces la somme que l'on m'a volée, à la condition que je retire ma plainte et que son fils ne soit pas poursuivi. « Il a donc avoué ? » l'interroge-t-elle. Et elle réitère ses propos : « Jamais mon fils ne ferait une chose pareille ! »…

Comment accepter de l'argent d'une mère qui clame l'innocence de son enfant ? L'affaire s'est arrêtée là. Jamais je n'ai reçu d'appel du commissariat pour m'informer de quoi que ce soit. Quant aux élèves présents dans la classe ce jour-là, ils m'ont fait part de leurs suspicions mais m'ont assuré qu'ils n'avaient rien vu. L'élève en question venait d'être exclu du collège pour une affaire plus grave et je n'ai donc pas eu à supporter sa présence dans mon cours le reste de l'année scolaire. Encore une fois, à la colère se mêle l'incompréhension et l'impuissance.

Enfin, une autre fois, j'ai réussi à régler l'incident en interne sans passer par la « case commissariat ». À la fin d'un cours, une élève me fait remarquer que mon dos est parsemé de taches d'encre. Elle s'empresse d'ajouter qu'elle n'a « jamais dit que c'était… » en citant le nom d'une autre fille de la classe. Puis elle quitte précipitamment la salle. En guise de petites tâches, c'est la mer rouge qui dessine mon chemisier. La coupable avouera d'elle-même, dès le lendemain, prétextant qu'elle ne l'a pas fait exprès. J'écris un rapport. L'élève est punie par deux jours d'exclusion. Elle se doit également de rédiger une lettre d'excuse, en bonne et due forme, sans erreur d'orthographe. À ses yeux déconfits, je me demande alors si elle n'aurait pas préféré le commissariat ! Dois-je réclamer une réparation financière à la famille ? Oui, en théorie. Mais je connais leur situation : plutôt précaire. Et puis, en passant mon vêtement à la machine à laver, les taches disparaissent. Le chemisier a quelque peu viré au rose, je dois bien l'admettre, mais tant pis ! Je décide d'oublier l'incident et arbore « fièrement » ma nouvelle tenue en cours. L'élève ne pipe mot. Elle a compris que ce n'était pas trop dans son intérêt. Elle ne recommencera pas. « Promis » !…

Je relate cette histoire avec un certain recul et détachement, maintenant que celle-ci est derrière moi. Mais au moment des faits, j'étais écœurée car l'élève s'en était pris à moi, personnellement. Et puis, je dois bien admettre que durant quelque temps, j'ai eu un peu de mal à tourner le dos à mes élèves. Pouvais-je encore leur faire confiance ?

En douze ans d'enseignement, je n'ai pas trop à me plaindre d'agressions ou d'incivilités d'élèves. Les trois « anecdotes » que je viens de raconter ne sont que des bagatelles au regard de préjudices beaucoup plus graves que subissent certains collègues. Mais je parviens aisément à comprendre le désespoir des enseignants qui n'obtiennent pas réparation lorsqu'ils sont victimes d'agressions traumatisantes.

En effet, même pour les « broutilles » qui me sont arrivées, j'ai ressenti un immense vide. Était-ce exagéré de ma part ? Je sais qu'il n'y a pas de quoi se retourner les sangs pour des bris de glace sur un véhicule ou pour un vol de portefeuille. Mais ce n'est pas tant les préjudices subis qui m'ont attristée que le fait qu'ils émanaient de mes élèves. « À quoi bon ? » me suis-je demandé. À quoi ça sert de se lever tous les matins pour aller transmettre certaines valeurs à nos élèves quand ils nous remercient de cette manière ? Le découragement m'a envahie ainsi qu'une immense colère. Dans ces moments-là, on a tendance à mettre tous les élèves dans le même sac, sans distinction. On leur donne tout ce que l'on peut, on s'évertue à les aider de notre mieux et ils nous crachent dessus ! Ingrats envers leurs parents et méprisants envers leurs profs, est-ce là l'instantané de la jeunesse actuelle ?

Quand un prof vient de se faire agresser ou insulter, il ne faut pas lui demander de relativiser ! Même s'il s'entend dire alors qu'il ne doit pas faire de généralisation hâtive, que « tous les élèves ne sont pas comme ça », l'enseignant est abattu et incapable de prendre du recul. Il est dégoûté, écœuré et n'a qu'une seule et même envie : aller dormir ! Inutile d'exiger de sa part qu'il aille reprendre ses élèves comme si de rien n'était…

Un prof frappé par un élève pour une mauvaise appréciation

Aujourd'hui, les élèves n'hésitent plus à agresser leur professeur s'ils estiment avoir été lésés sur une note ou une appréciation.

Ainsi, la première hypothèse avancée par le directeur de cabinet du recteur de Versailles pour l'agression de cette professeur d'anglais enceinte de quatre mois survenue en février 2009 dans un lycée de Mantes-la-Jolie a été la suivante : « apparemment une histoire d'appréciation sur le bulletin de notes d'un élève ». Ces menaces constituent presque le quotidien des enseignants. Une de mes collègues avait reçu en pleine figure comme projectile la copie qu'elle venait de rendre à un élève… pliée en boule.

Quant à moi, j'ai encore en mémoire le visage haineux d'un élève qui s'était avancé vers moi, sa copie à la main, pour me demander, sèchement : « C'est quoi cette vieille note que vous m'avez mise ? » Selon lui, la raison de sa mauvaise note ne faisait aucun doute : c'était de ma faute, pas de la sienne ! J'ai réussi à lui faire reconnaître sa mauvaise foi quand il a relu à voix haute sa copie totalement illisible. Mais je crains de plus en plus la réaction imprévisible d'élèves qui prennent une mauvaise note pour un « manque de respect » et qui le font payer cher à leur prof !

Des honoraires d'avocat exorbitants

Qu'il soit l'accusé ou l'accusateur, un enseignant a donc tout intérêt à s'attribuer les services de l'ASL, même si l'association dispose de moyens financiers limités pour payer des frais d'avocat par exemple. À ce sujet, André Ratabouil s'étonne que l'État n'ait pas prévu de garde-fou pour plafonner les honoraires des avocats. En effet, quand le professeur est reconnu innocent ou qu'il se place du côté de la victime, le rectorat peut lui rembourser ou lui avancer les frais de justice. « Certains avocats, s'indigne mon interlocuteur, n'hésitent pas à demander 7 500 euros pour deux visites d'une heure pendant une garde à vue quand ils savent que c'est l'État qui paiera la note. »

La mauvaise gestion de ce budget est dramatique puisque les gaspillages commis dans quelques affaires compromettent la défense d'autres enseignants qui doivent se débrouiller seuls. Le rectorat dispose bien d'une cellule d'écoute mais son efficacité demeure extrêmement limitée.

L'Autonome de solidarité a établi une limite au niveau de ce genre de frais. L'association accorde un maximum de 2 000 euros par jour pour payer un avocat. L'ASL paie également les frais de services, les huissiers et André Ratabouil précise que les avocats demandent de plus en plus souvent des dommages et intérêts pour leur plaignant.

Le harcèlement moral dont sont parfois victimes les enseignants

Les conflits ne se limitent pas uniquement à un duel opposant les professeurs aux élèves et à leurs parents. Parfois, c'est l'équipe de direction qui porte plainte contre l'équipe enseignante et qui fait appel à la justice pour régler les différends.

André Ratabouil me rapporte ainsi une histoire dans laquelle un proviseur porte plainte contre les professeurs après que ces derniers ont rendu compte de tous les dysfonctionnements internes au lycée. L'affaire doit se régler devant les tribunaux. Le même conflit remplit la page du *Parisien* du 27 novembre 2008 sous le titre : « la fronde des profs contre le principal du collège ». On y apprend que « le principal attaque une dizaine d'enseignants pour diffamation après qu'ils ont envoyé une lettre à l'inspection d'Académie dans laquelle ils font état de harcèlement et d'une ambiance délétère ». Dans cette affaire, les professeurs avouent être « sous antidépresseur »...

Parfois, les conflits de personnes ne finissent pas toujours devant les tribunaux. Néanmoins, ils peuvent générer un degré de stress à la limite du tolérable.

J'en ai fait l'amère expérience. Ainsi, durant une année scolaire, j'ai eu la possibilité de me rendre en vélo à mon établissement scolaire. C'était la seule fois, en douze ans de carrière, où j'avais la chance de travailler près de mon domicile. Or, je n'avais pas d'autre choix que celui de ranger mon VTT dans un endroit où les élèves ne pouvaient pas avoir accès. En effet, je ne voulais pas prendre le risque d'un vol ou d'une dégradation quelconque. Par ailleurs, le parking sur lequel les professeurs garaient leur voiture était situé en contrebas, difficile d'accès pour la « cycliste » que j'étais alors, chargée d'une sacoche remplie de livres.

Pour laisser mon VTT sur un stationnement « sécurisé », j'avais besoin de disposer de la clé d'un portail. J'en ai fait la demande au principal.

Quelle n'a pas été alors ma stupeur de m'entendre répondre que c'était m'accorder un privilège que celui de m'octroyer cette clé. Le chef d'établissement a ensuite ajouté qu'il devait réfléchir. Une semaine plus tard, il me faisait la même réponse.

Pendant plus de quinze jours, je n'ai donc pas eu d'autre choix que celui d'escalader le portail avec mon VTT dans les mains et le jeter ensuite, le plus « délicatement » possible, de l'autre côté. Je ne me suis pas amusée à compter les bleus ni les griffures qui venaient « décorer » mes bras et mes jambes pas plus que n'ai dénombré les fois où mon vélo a pu dérailler. Parfois, je croisais le regard intrigué de passants ou de parents d'élèves qui ralentissaient le pas pour m'observer quelques instants. Ils devaient sans doute penser que j'avais un grain et aucun d'entre eux n'a osé m'interpeller. Ce n'est pas tous les jours que l'on rencontre un prof en train de jouer aux acrobates pour aller travailler !

Au bout de deux semaines, devant le silence volontaire du chef d'établissement, je suis allée consulter un médecin. À peine avais-je prononcé quelques mots dans son cabinet que je me suis effondrée en larmes. Le praticien n'a pas mis longtemps à comprendre que j'avais besoin de repos. Il m'a accordé une semaine d'arrêt maladie.

De retour au collège, je me suis entretenue avec le principal qui a demandé à sa secrétaire de me donner une clé. Cette dernière l'a sortie d'un tiroir qui en renfermait une bonne dizaine, à l'identique !

Avec du recul, je me dis que jamais je n'aurais dû prendre de risques inutiles en m'initiant à ce nouveau sport insolite, celui du « vélo d'escalade ». Sans doute une ténacité absurde m'a conduite à cette extrémité. Je savais que j'étais victime d'une injustice et cela me mettait hors de moi.

Comment comprendre la réaction du chef d'établissement ? S'est-il montré coupable d'un abus d'autorité, d'une certaine forme de harcèlement moral ou a-t-il fait preuve d'un simple entêtement idiot ? Selon lui, aucun professeur ne pouvait détenir cette clé et l'exception n'entrait pas dans son champ des possibles…

Un individualisme et une judiciarisation qui gangrènent l'École

Le débat sur la judiciarisation de l'École est tellement prégnant qu'il fait régulièrement l'objet de colloques où se rencontrent des représentants de l'Éducation nationale et de la Justice. En ouverture à un colloque sur les « Nouveaux risques du métier » quelques exemples sont venus confirmer les propos que m'a tenus le responsable du département Yvelines de l'ASL.

En voici quatre, assez éloquents, qui accréditent l'idée selon laquelle l'individualisme et la judiciarisation gangrènent l'École :

Une directrice d'école est mise en garde à vue suite à « une rumeur de maltraitance à enfants qui serait du fait d'un de ses collègues instituteurs ». De simple témoin, la directrice se retrouve « mise en examen pour non-dénonciation de crime ». Pendant sa garde à vue, elle demande à voir son médecin traitant et on lui présente un médecin légiste. En colère, elle clame qu'elle n'est pas encore à l'article de la mort. Plus tard, même après le retrait de toute charge contre sa personne, elle est toujours « abandonnée sur le plan administratif ».

« Un père d'élève dépose une plainte contre le directeur d'une école qui a refusé que son épouse accompagne une sortie scolaire au motif que celle-ci portait le voile islamique. »

« Suite aux confidences d'un de ses élèves, un enseignant a effectué un signalement pour maltraitance auprès du procureur de la République. Le travail mis en place par la Protection judiciaire de la jeunesse a permis une nette amélioration de la situation de l'enfant et a conduit le parquet à classer le dossier sans suite. Quelques mois plus tard, les parents de l'enfant ont souhaité rencontrer l'enseignant et ont exigé des excuses de sa part. Devant son refus répété, ils ont déposé plainte contre lui pour harcèlement moral. »

Enfin, « une enseignante reçoit de la part d'un de ses élèves des confidences alarmantes. Il s'agit de maltraitance. Elle alerte les services compétents qui mènent une enquête. Les parents de l'élève ont assigné l'enseignante devant le tribunal pour accusation grave. Les parents souhaitent obtenir des dommages et intérêts pour le préjudice moral subi. L'enseignante n'a pas supporté cette agression et ne peut actuellement reprendre son poste ».

La tribune juridique de l'Autonome de solidarité recense de multiples cas où les enseignants sont salis ou traînés devant les tribunaux. La garde à vue constitue à chaque fois une étape obligée, l'épreuve par laquelle le prof doit passer. S'agit-il d'un nouveau bizutage que tout « bon professeur qui se respecte » doit surmonter pour prétendre entrer dans le « corps enseignant » ? Une nouvelle mode peut-être ?

Tout ce que j'ai pu constater durant mon enquête, c'est que l'immense majorité de ces affaires juridiques était passée sous silence.

Parfois, une histoire est médiatisée et portée à la connaissance du grand public. Je pense à l'affaire du professeur, José Laboureur, qui a dû payer 500 euros d'amende pour avoir giflé un élève. Près de 26 000 signatures d'enseignants ont été recueillies par un syndicat, le Snalc-CSEN, pour soutenir l'enseignant. Quant aux médias, ils se sont emparés de cette histoire et les internautes n'ont pas manqué d'apporter leurs commentaires pour s'indigner de la sévérité du jugement ou à l'inverse, pour l'accuser de tous les maux et l'invectiver de « jolis noms d'oiseaux », chacun y allant de son commentaire pour décrypter la personnalité de l'enseignant et le bien-fondé de son inculpation.

Mais pour quelques affaires surmédiatisées et montées en épingle, combien d'autres demeurent-elles encore ignorées ?

Le flicage des enseignants sur Internet

Peut-on espérer un retour au calme dans les prochaines décennies et un apaisement des tensions à l'École ? Rien n'est moins sûr…

Le développement des nouvelles technologies pose déjà des problèmes d'ordre juridique. Je pense, par exemple, à la question de la propriété intellectuelle quand un professeur veut diffuser un film, faire passer une iconographie dans sa classe ou photocopier des extraits de livres. L'enseignant a intérêt à respecter certaines règles sous peine d'amende.

Mais si la propriété intellectuelle est communément admise de tous les professeurs, ces derniers craignent désormais pour leur image. En effet, de quel recours disposent-ils si un élève les photographie à leur insu et diffuse la photo sur Internet ? Et comment réagir lorsque certains élèves s'amusent à « noter » leurs profs sur des blogs et à les insulter sans vergogne ? Là encore, les plaintes ou mains courantes contre ces diffamations n'ont pas fini de remplir les dossiers des commissariats…

Enfin, plus grave que tout cela encore, c'est le ministère de l'Éducation nationale lui-même qui veut « mettre au pas » les enseignants en instaurant un « flicage » en bonne et due forme sur Internet.

Pour mettre ce projet à exécution, le ministère a lancé un appel d'offres le 15 octobre 2008 pour un dispositif de « veille de l'opinion » parmi les personnels de l'Éducation nationale, notamment sur Internet. Cette « veille » devrait coûter 220 000 euros mis sur le compte des deux ministères : celui de l'Éducation nationale à hauteur de 100 000 euros et celui de l'Enseignement supérieur et de la Recherche pour 120 000 euros.

L'appel d'offres est paru dans un document de huit pages au Journal officiel du ministère. Dans l'article 4 de ce document, il est question, entre autres, de « repérer les leaders d'opinion, de décrypter les sources de débat et leur mode de propagation, d'anticiper les risques de contagion et de crise »…

Je souhaite bien du courage aux services ministériels chargés de « fliquer » les profs. Empêcher à quiconque d'exprimer son mécontentement ou son malaise n'est pas chose aisée. C'est même l'inverse qui se produit à chaque fois que la société se montre liberticide et fait preuve d'un autoritarisme déplacé.

Ainsi, « un enseignant décide de désobéir au ministre » peut-on lire dans *Le Figaro* du 21 novembre 2008. Il s'agit d'un professeur des écoles, Alain Refalo, qui, dans une lettre adressée au ministre de l'Éducation nationale, explique pourquoi il est entré « en résistance pédagogique ».

Au-delà de la question du bien-fondé ou pas de cette « résistance », on peut se demander dans quelle mesure un fonctionnaire d'État a le droit de désobéir à sa hiérarchie. Alain Refalo risque le blâme, voire la radiation. À compter du 5 janvier 2009, il s'est vu signifier un retrait de salaire de deux jours par semaine pour « désobéissance pédagogique ». Ce qui est certain, c'est que ce professeur a eu l'honnêteté de faire connaître ses pratiques et ses résolutions au grand jour. Or, je sais que beaucoup d'enseignants transmettent leurs connaissances et leur savoir-faire sans se soucier des réformes successives des programmes et des manuels qui ont ponctué chaque remaniement ministériel. Ces enseignants ne risquent ni blâme ni sanction d'aucune sorte puisqu'ils le font sans en informer leur hiérarchie.

Les ministres défilent les uns après les autres devant le regard des professeurs qui peuvent se prévaloir de la pérennité de leur fonction.

Quand la réforme est cohérente, comprise et appliquée par tous, elle a des chances de passer. Sinon, elle se réduit à l'état de test erratique et embryonnaire qui conduit à l'immobilisme et entraîne une déperdition en énergie et en « productivité » évidente.

Plutôt que de « taper » une fois de plus sur tous ces profs qui font de leur mieux pour écoper au jour le jour le grand bateau de l'Éducation sur le point de sombrer dans des fonds abyssaux, les hautes instances de l'École feraient mieux de soutenir toutes les équipes éducatives et pédagogiques que rassemble l'Éducation nationale. Ce n'est pas parce que les enseignants seront contraints et forcés au mutisme ou à l'application docile de toutes les réformes décidées en amont que l'École se portera mieux. Les professeurs doivent reconquérir une autorité qu'on leur a volée à force de laxisme et de lâcheté des politiques que le carriérisme effréné a rendus impuissants et peureux.

C'est tellement facile de réduire les enseignants au silence et d'abandonner à son sort le premier d'entre eux qui rencontre des difficultés dans l'exercice de son travail…

L'Éducation nationale va-t-elle installer des caméras dans les salles de classe pour surveiller, pas tant les élèves, que les profs ? Va-t-elle demander aux enseignants de se taire sous prétexte que « l'enfant est au centre du dispositif éducatif » ?

En attendant, c'est toujours au prof à qui incombe la tâche de transmettre des savoirs et de faire acquérir des compétences aux jeunes dont il a la charge. Ne vaudrait-il pas mieux faire comprendre à l'élève que c'est à lui de se taire, parfois. Ce n'est donc pas en modifiant les programmes sous toutes les coutures possibles et imaginables que les hautes instances éducatives donneront aux enseignants les clés de la transmission. Un professeur doit pouvoir retrouver une certaine sérénité dans l'exercice de ses fonctions. Il a besoin qu'on lui reconnaisse une autorité légitime et incontestée et ne pas craindre de se retrouver sali, humilié, lâché par sa hiérarchie et traîné devant les tribunaux pour des prétextes plus ou moins fallacieux.

Ce dont souffrent les enseignants, c'est d'abord de cette pesanteur administrative qui freine leurs démarches, ignore leurs demandes et méprise ou méconnaît leur travail. Cette lourdeur est source d'un incommensurable stress et c'est bien plus un parcours semé d'embûches que de fleurs que les services administratifs lui réservent.

Des roses, le prof s'en voit offrir les épines. Quant au réconfort, ce n'est pas auprès de l'administration qu'il doit la chercher.

C'est cet univers étrange, ubuesque et absurde que je m'apprête à dépeindre maintenant avant de rapporter ensuite les témoignages d'enseignants qui ont souffert d'injustices et qui ont voulu que leur histoire puisse avoir valeur d'exemple.

Le carcan administratif

« Une institutrice à Pauillac s'est donné la mort le 4 mars dernier alors qu'elle était enceinte. Elle n'a pas supporté les attaques personnelles de parents d'élèves la mettant en cause. Son mari et sa famille portent plainte contre l'Éducation nationale et la municipalité pour harcèlement et accusent l'administration de ne pas l'avoir protégée. »

(*leJDD.fr*, 29 mars 2008)

Face au « Mammouth », comment éviter la crise d'hystérie ?

« Je me presse de rire de tout, de peur d'être obligé d'en pleurer » s'écriait l'espiègle Figaro, personnage de Beaumarchais dans la pièce, *Le Barbier de Séville*.

C'est la même attitude et philosophie que je m'efforce d'appliquer à chaque fois que je dois prendre mon téléphone pour joindre le rectorat. Et quand, par le plus grand des hasards, j'ai enfin la chance d'entendre une voix qui résonne dans le combiné, ma surprise est telle que je reste parfois stupéfaite durant quelques secondes.

– Allô ? Allô ?…

Mon interlocuteur s'impatiente. Je n'ai donc pas intérêt à le faire attendre davantage. Je me présente aussi brièvement qu'il m'est possible de le faire et commence à poser timidement ma question. Mais j'ai à peine le temps de terminer le quart de la moitié du commencement de ma « tirade » que j'entends la voix à l'autre bout du fil me couper sèchement pour me rétorquer que je n'ai pas appelé le bon service et que l'on va me mettre en relation avec le bureau susceptible de traiter ma demande. J'attends quelques instants et laisse retentir la sonnerie du téléphone une bonne minute. Puis, plus rien. La ligne est occupée. Seul le « bip » saccadé retentit à nouveau dans le combiné.

À d'autres moments, il m'arrive de m'entendre répondre par le service compétent que ce n'est pas à moi d'appeler mais à mon chef d'établissement, que je dois toujours « passer par » mon supérieur hiérarchique pour obtenir une réponse à une question, fût-elle d'ordre personnel.

Enfin, quand j'appelle plusieurs fois dans le mois pour obtenir la certitude de recevoir un papier administratif qui tarde à arriver, une indemnité qui m'est due et que j'attends depuis au moins un semestre ou encore une rectification après un retrait erroné sur mon salaire, j'ai droit à un véritable sermon : « Mais, vous avez déjà appelé ! Attendez encore. Vous êtes trop pressée. » Si j'ai alors le malheur de répondre que j'attends un document important et que c'est urgent, l'irritation ou la nonchalance de mon interlocuteur, c'est selon, me réduit au silence. Je raccroche, dépitée. Fatiguée, nerveuse ou déprimée, j'ai une fois de plus l'amère impression d'avoir été traitée comme un vulgaire numéro dans un système anonyme manquant singulièrement d'altruisme et d'humanité. Pour peu que les cours reprennent dans les cinq minutes qui suivent et je n'ai plus qu'à respirer très fort pour évacuer le stress de cette communication tendue.

Face au « Mammouth », bon nombre d'enseignants perdent patience et rongent leur frein pour ne pas risquer la crise d'hystérie. Je ne compte plus les anecdotes que mes collègues et moi-même serions en mesure de raconter au sujet des conflits plus ou moins larvés qui nous opposent trop souvent avec les rectorats ou les inspections académiques. Un certain nombre d'entre elles pourrait aisément faire l'objet de sketches tous plus corrosifs les uns que les autres, tellement le dialogue de sourds s'apparente à des scènes absurdes et ubuesques.

Difficile, par exemple, d'évaluer le degré de stress de collègues qui ne parviennent pas à obtenir une réponse lorsqu'ils se trouvent dans une situation d'urgence. Quand ils sont à bout, ils courent à la pêche aux informations dans les locaux du rectorat. Une de mes amies a même fait un *sitting* dans leurs bureaux en indiquant qu'elle ne quitterait pas les lieux avant d'avoir reçu LE papier administratif urgent qu'elle attendait depuis des semaines. Et comme par miracle, on le lui a remis dans l'heure ! D'autres collègues obtiennent gain de cause en éclatant en sanglots auprès d'un agent administratif. Ces profs se montrent-ils délibérément attendrissants en jouant la comédie ou bien leurs nerfs se mettent-ils réellement à lâcher ?

Un prof pour deux administratifs ?

Comment donc expliquer que les enseignants entretiennent de telles relations « malsaines » avec le personnel administratif des rectorats et des inspections académiques ?

Même si ces deux « corps » appartiennent tous deux à l'Éducation nationale, ils se côtoient très rarement. C'est pourquoi ils subissent irrémédiablement les effets d'un manque de compréhension réciproque.

Il faut dire que les préjugés ont la vie dure et que maintes idées erronées circulent au sujet des effectifs du personnel administratif. Je n'étais pas la dernière à croire à ces inepties avant de me pencher plus longuement sur les chiffres

Pour schématiser, on a tendance à estimer à environ 1,2 million le nombre de personnels à l'Éducation nationale dont 800 000 enseignants. On en déduit un peu trop hâtivement que les 400 000 personnes restantes sont affectées à des postes administratifs. L'idée reçue qui en découle est que dans cette administration, on compte deux profs par agent administratif. Mais la réalité est tout autre…

Si l'on prend les chiffres de 2008, le nombre de personnels qui travaillent dans les collèges et les lycées s'élève à plus d'un million parmi lesquels on dénombre un peu plus de 880 000 enseignants, près de 25 000 stagiaires et environ 205 000 personnels non enseignants en poste dans les établissements scolaires. Ce sont les personnels de direction, les assistants d'éducation…

Quant au personnel administratif académique et en administration centrale, celui des rectorats et des inspections académiques, il s'élève précisément à 26 604, soit 3 % de l'effectif enseignant du primaire et du secondaire. On est donc bien loin d'un administratif pour deux enseignants…

D'une manière générale, il faut se méfier des chiffres car on peut aisément leur faire dire tout et leur contraire.

Ainsi, 13 500 suppressions de postes d'enseignants sont annoncées pour 2009. Un départ à la retraite sur trois ne sera plus remplacé. Le ministère légitime ce « dégraissage » par une diminution du nombre d'élèves. Il compare des chiffres sur le papier. Mais pourquoi, dans la pratique, demande-t-il alors à autant d'enseignants d'effectuer des heures supplémentaires ? N'est-ce pas là une preuve évidente que les établissements scolaires souffrent d'une pénurie de profs ?

Bien souvent, c'est la volonté de faire des économies qui sous-tend les diminutions de postes, pas autre chose. En effet, il coûte moins cher au ministère de payer des heures supplémentaires que d'embaucher des enseignants…

Le personnel administratif n'est pas à l'abri de cet « écrémage » : en 2009, il est prévu de supprimer

500 postes, exclusivement dans les rectorats et les inspections académiques. Pourquoi ? Parce qu'on les estime inutiles ? Trop nombreux ? Leur travail est-il inopérant ?

Je m'interroge : la gestion des ressources humaines est-elle jugée à ce point efficace dans l'Éducation nationale que l'on puisse, sans crainte, réduire les effectifs susceptibles de servir à son bon fonctionnement ? J'en doute…

Avant de rendre compte des mécontentements d'enseignants qui subissent les lourdeurs administratives, je souhaitais rappeler cette réalité. Sans doute les conditions de travail dans les rectorats sont loin d'être parfaites. On peut aisément imaginer, en effet, des dossiers qui s'accumulent, des téléphones qui n'arrêtent pas de sonner. Peut-être même que les personnes chargées de gérer les questions des mutations, des affectations ou des salaires des enseignants souffrent également d'un manque de reconnaissance. Ont-elles le sentiment d'être traitées avec condescendance de la part des professeurs ? Doivent-elles subir au quotidien les mécontentements virulents de certains profs qui leur font payer tout leur ressentiment ? Sans doute dans les administrations de l'Éducation nationale, des fonctionnaires très compétents subissent tout autant que les enseignants la lourdeur administrative.

Mais si les conditions de travail et le manque d'effectifs peuvent, dans une certaine mesure, excuser le personnel administratif, il n'en reste pas moins vrai que le système de fonctionnement des rectorats et des inspections académiques est loin de s'avérer idéal.

La plupart des enseignants estiment, de leur côté, que certains administratifs éprouvent une certaine jalousie à leur égard, jalousie qui n'a aucun fondement mais qui prend sans doute racine dans le degré d'estime qui les sépare. Complexe d'infériorité de ceux qui sont au service des enseignants ? Peut-être. À moins que les administratifs n'envient plutôt aux profs les vacances scolaires…

Quoi qu'il en soit, les professeurs ont parfois l'impression que certains de leurs interlocuteurs dans les rectorats abusent du pouvoir qui leur est attribué. En effet, les profs doivent passer par eux pour une mutation, une promotion, un rectificatif sur le salaire ou pour tout autre justificatif divers et varié…

Déjà sous pression avec leurs élèves, beaucoup de professeurs ne comprennent pas pourquoi ils ont autant de mal à communiquer et à faire valoir leurs droits dès qu'ils doivent appeler un rectorat.

Des affectations ubuesques : le décès d'un prof jugé « irrecevable » par les services administratifs ?

La première source d'angoisse pour un enseignant provient des mutations. Bien souvent, elles prennent des tournures ubuesques.

Je me souviens d'une année où j'avais joint le rectorat pour réviser une affectation que j'aurais souhaitée plus proche de mon domicile. En effet, au stress d'enseigner dans un collège « sensible » s'ajoutait la fatigue du trajet : cent kilomètres par jour. Je me suis entendu répondre que je n'avais qu'à déménager pendant les vacances scolaires et que la distance n'était pas une raison valable ! Mon interlocuteur ne s'est absolument pas préoccupé de savoir quelle était ma situation personnelle, si j'étais véhiculée. Si je n'étais pas satisfaite, je n'avais qu'à prendre le train, voilà tout…

Que la gare se trouve loin de son établissement scolaire et qu'un enseignant doive attendre le bus en pleine « zone de non-droit » ne concerne pas les rectorats. Ils se contentent d'attribuer des postes. Aux profs de gérer leurs problèmes…

Et des problèmes, on en rencontre ! Les professeurs qui prennent les transports en commun pour se rendre dans certains collèges ne sont pas toujours rassurés. Les insultes fusent et parfois, ils sont victimes d'intimidations. J'ai mentionné au chapitre précédent l'agression dont avait été victime une surveillante d'un collège à un abribus. Ce genre de situation n'est malheureusement pas exceptionnel. Les jeunes femmes enseignantes demandent désormais à un collègue de les accompagner à la gare en voiture. Elles ne prennent plus le risque de s'y rendre seules à pied. Mais il suffit d'une fois… Un soir, tard après un conseil de classe. Et même dans sa voiture, un professeur a parfois du souci à se faire ! Une année, j'enseignais dans un collège dans lequel les élèves attendaient les profs à la sortie pour caillasser leur voiture ! Les adolescents ressentent une certaine impunité quand ils ont quitté l'établissement scolaire. Et puis les enseignants ne connaissent pas tous les élèves du collège. Ces derniers le savent bien. Ils se cachent derrière l'anonymat.

Mais toutes ces considérations n'intéressent pas les services des rectorats. Leur fonction à eux, c'est d'attribuer des postes, pas d'aller vérifier sur place si le trajet est sécurisé ni de calculer la distance qui sépare la gare la plus proche du collège ou du lycée. Quant aux accidents de trajet dus aux mauvaises conditions météorologiques ou à la fatigue qui s'accumule après une centaine de kilomètres effectuée au quotidien, encore une fois, ce ne sont pas leurs problèmes !… Bien que je conduise plutôt prudemment, j'ai déjà eu deux « accrochages » pendant mon trajet domicile-travail. Ces désagréments font partie des risques encourus par tout salarié contraint et forcé de prendre son véhicule pour aller travailler loin de son domicile.

Dans le même ordre d'idées, j'ai eu l'occasion de m'entendre rétorquer qu'un poste vacant était disponible tout près de chez moi mais, étant donné que je disposais d'un nombre insuffisant de points, je devais encore rester sur ma zone de remplacement située à plusieurs dizaines de kilomètres. Quant au poste que je convoitais, il est fort probable qu'il ait été attribué à un professeur qui ne l'avait pas demandé et qu'une telle mutation n'arrangeait pas nécessairement.

À chaque fois que j'ai pu contester une affectation en prétextant l'éloignement géographique ou en émettant le souhait de travailler sur le même poste à l'année, j'ai reçu une réponse lapidaire du recteur : « demande irrecevable »… J'en viens parfois à me demander si les recteurs ou leurs acolytes prennent toujours le temps de lire les lettres de revendication que leur envoient les enseignants. Il ne serait pas surprenant que le décès d'un prof soit jugé « irrecevable » par les services administratifs…

Mon statut de cette année : bouche-trou

La situation d'un enseignant qui a plus de dix ans d'ancienneté n'est pas toujours plus enviable que celle d'un jeune prof débutant. Je peux témoigner puisque c'est mon cas ! Cette année, j'ai fait ma douzième rentrée. Or, j'ai eu la mauvaise surprise de constater en septembre que je n'avais pas de poste à l'année. Une semaine après la rentrée, le proviseur d'un lycée de banlieue parisienne m'a appelée pour remplacer pendant un trimestre une collègue en congé maternité, congé communiqué depuis près de six mois au rectorat qui avait largement le temps de prévoir un remplacement dès le mois de juin. Au lieu de cela, j'ai été contactée dans l'urgence. En une seule journée, j'ai dû préparer des cours pour des élèves de seconde et de première alors que je n'avais pas enseigné en lycée depuis l'année de ma titularisation, douze ans auparavant. Or, l'enseignement du français en collège et en lycée n'a presque rien en commun.

J'ai réussi à instaurer un climat de travail dans mes classes et à préparer comme il se doit mes élèves de première pour le bac de français qu'ils passent au mois de juin. Le dernier jour avant les vacances de Noël, j'ai fait mes adieux aux élèves, pour le moins déstabilisés d'avoir à changer de prof pendant l'année. Quant au proviseur, il m'a remerciée pour avoir exercé ma tâche « avec brio ». Mais les vacances sont arrivées sans que je sache à quoi m'attendre pour la rentrée de janvier. Quel sort m'avait-on réservé ? Celui d'enseigner à soixante kilomètres de chez moi, sur deux établissements différents ? Celui de faire des remplacements de courte ou de longue durée ? Et dans quels types d'établissements ? Aurais-je la « chance » d'être affectée dans des lycées techniques dans lesquels je devrais enseigner l'histoire en même temps que le français ?

Finalement, le proviseur d'un lycée m'a appelée début janvier pour un remplacement d'une durée de six semaines à cinquante kilomètres de chez moi. À nouveau, j'ai « bénéficié » de deux jours pour préparer des cours pour des élèves de première littéraire et de seconde, deux jours pour relire les trois œuvres que les élèves étaient censés avoir lues et pour élaborer des séquences de travail du niveau exigé au lycée, notamment pour des sections littéraires qui ont le bac de français en fin d'année scolaire. Comment les élèves m'accepteraient-ils ? Comment asseoir mon autorité pour une période aussi courte ?

Un bouche-trou, voilà à quoi ressemble mon statut de cette année. Il m'en faut du courage et de l'abnégation pour trouver la motivation d'enseigner et pour faire abstraction de ma situation. À chaque fois, les élèves pensent que je suis une « sous-prof » car, si je ne reste pas avec eux toute l'année, c'est qu'il doit bien y a des raisons… cachées ! À chaque fois, c'est la même rengaine : je dois me présenter, expliquer mes exigences, asseoir mon autorité et quand tout fonctionne dans le « meilleur des mondes », c'est déjà fini. Peut-être que mes prochains remplacements n'excèderont pas deux semaines, le temps de faire une apparition éclair dans un collège ou un lycée. Mais pour y faire quoi au juste ? De la garderie ? Les élèves ne respectent pas de la même manière un enseignant qui se présente comme leur professeur attitré à l'année que le pauvre bougre qui vient faire office de « doublure ». Je suis traitée comme une titulaire intérimaire envers laquelle on exige une adaptation à toutes épreuves.

Entre l'immobilisme et la routine de certains enseignants qui demeurent durant toute leur carrière dans le même établissement et la mobilité que l'on m'impose à tout-va sans jamais me demander mon avis, où donc trouver un juste milieu enfin raisonnable qui prenne en compte l'humain ?

Je n'ai pas choisi mon statut de TZR (Titulaire sur zone de remplacement). Je n'ai d'ailleurs pas toujours travaillé ainsi. Mais la mobilité n'est pas valorisée dans l'Éducation nationale. Il a fallu que je change une fois d'académie pour perdre tous mes points qui me permettaient d'enseigner dans un établissement fixe.

Tous les ans, je dois donc, comme bon nombre d'enseignants, émettre des vœux pour la prochaine rentrée, vœux qui, soit dit en passant, ne sont jamais exaucés !

Alors bien sûr, je bénéficie de la sécurité de l'emploi et, vu l'état de la conjoncture économique actuelle, je ne devrais pas me plaindre. C'est d'ailleurs ce que je me dis, à chaque fois que l'angoisse commence à me tordre les intestins dès que j'attends ma prochaine affectation. « Ne te plains pas ! Tu es payée » ! Mais à quel prix ? Et combien d'années encore serais-je à même de tenir le rythme avec une telle déconsidération ?

Une année, j'apprends deux jours avant la rentrée que je suis affectée sur deux établissements différents pour effectuer un certain nombre d'heures dans chacun d'entre eux. Je me présente à la chef d'établissement d'un premier collège. Celle-ci me reçoit dans son bureau. Mais, quelques secondes après m'avoir « écoutée », elle me rétorque sèchement : « Ici, on n'a pas besoin de neuf heures en français » ! Elle ne m'adressera plus un mot, prenant son téléphone pour appeler le principal du collège voisin dans lequel je suis censée effectuer une autre partie de mes heures. Je l'entends interroger son interlocuteur au bout du fil : « Toi non plus ! Tu n'as pas besoin d'heures ? » Puis, euphorique, elle se met à échanger avec lui des plaisanteries sur les erreurs du rectorat au sujet des affectations des enseignants. Je ne l'intéresse plus. C'est évident. Je me lève donc et quitte les lieux, « dignement ». Le quota horaire que je suis s'en va, l'âme en peine. Je ne dis rien mais n'en pense pas moins. J'ai envie de hurler, de la secouer et de lui faire comprendre que je ne suis pas un taux horaire sur pattes. Mais je me tais… à tort car, de retour chez moi, je fonds en larmes et c'est à mes proches que je transmets ma nervosité et mes angoisses. Ils n'y sont pour rien, eux !

Si l'élève est au cœur du système éducatif, pourquoi les professeurs devraient-ils subir d'aussi mauvais traitements ?

Peut-être une telle situation convient-elle aux enseignants qui ne tiennent pas à s'investir plus que ça dans leur métier, qui trouvent que les remplacements ont du bon. Quant à moi, je vis cette situation comme un mépris de ma fonction et de ma personne. J'ai l'amère impression d'être considérée comme un pion ou comme un mouchoir que l'on jette après usage. Pire ! C'est un peu comme si, à l'instar d'un cancre, on avait choisi de me punir !…

Pourtant, je considère que je m'investis à fond dans mon travail. Je suis reconnue comme une enseignante « sérieuse et efficace » mais ni les rapports d'inspection, ni l'investissement dont j'ai pu faire preuve dans l'exercice de mes fonctions n'a été pris en compte pour mes affectations. Il n'y a aucune corrélation entre la notation pédagogique de l'enseignant avec ses souhaits et ses demandes de mutations : la récompense au mérite est quasi inexistante…

Un professeur qui choisirait de s'endormir sur ses lauriers en enseignant toute sa vie dans le même collège serait toujours mieux loti que celui qui prendrait le risque de changer d'établissement scolaire pour perfectionner sa formation et pour enrichir son expérience professionnelle. Toute prise de risque, aussi minime soit-elle, peut très vite devenir source de désagrément.

La sécurité de l'emploi à vie ? Certes, mais cet « avantage » ne rime plus vraiment avec satisfaction, bien-être et épanouissement. Je ne pense pas que le sort des professeurs soit toujours aussi enviable que certains veuillent bien le prétendre…

En matière de mutation, ma situation est loin de s'avérer la plus incommode. J'ai connu en effet des collègues de travail qui allaient jusqu'à rompre avec leur compagnon à cause de la distance qui les séparait. Se voir un week-end par mois peut détruire un jeune couple. Les rapprochements de conjoint prévus dans la fonction publique ne sont pas systématiques et le concubinage n'est pas pris en compte.

Pour pallier à l'imbroglio des mutations, je sais que certains enseignants se pacsent avec un copain du même sexe de leur région d'origine qu'ils veulent réintégrer. D'autres professeurs se marient précipitamment pour bénéficier de points supplémentaires. N'est-ce pas là une belle preuve d'amour ? Quel romantisme !.. Mais il faut bien s'adapter au « système », à cette machine insensible pour laquelle un prof est un numéro qui doit entrer dans une case, un point c'est tout.

Les exemples sont légion… Une année, l'un de mes collègues de travail payait l'hôtel deux jours par semaine pour éviter d'avoir à parcourir la distance quotidienne de deux cents kilomètres. Vous avez dit ressources humaines ?…

Des « erreurs » qui finissent par taper sur les nerfs

Une autre source de désagrément et de stress inutile provient de ces fâcheuses habitudes qui obligent les profs à devoir quémander leur dû. Ils n'appellent pas les rectorats pour obtenir des primes supplémentaires ou des « extra » mais juste pour que leur soit versé le salaire auquel ils ont droit.

Quand un enseignant change d'échelon, il attend une majoration d'une centaine d'euros environ sur sa paye. Ce sont les seules augmentations de salaires auxquelles il a droit ; alors, il tient à les recevoir en temps et en heure. Mais il doit apprendre à faire preuve de beaucoup de patience. Il n'est pas rare que six, huit mois, voire un an ne se passe avant que le changement d'échelon soit effectif sur sa feuille de paie.

Bien plus dommageables que ces « petits » retards sont ces erreurs commises par le rectorat sur les salaires eux-mêmes. L'année dernière, j'ai eu la mauvaise surprise de voir mon salaire amputé de 800 euros, une pacotille pour certains, mais sur une paye de 2 000 euros, le retrait est loin de s'avérer négligeable. Je m'inquiète. Ai-je commis une faute ? Je ne vois pas… J'appelle le rectorat de mon académie. J'apprends que mon nom a été supprimé « par erreur » sur une liste. Je réclame alors la rectification immédiate de cette « erreur » mais on m'apprend que pour le mois en cours, « on ne peut plus rien faire ». C'est le principal du collège qui doit faxer au rectorat l'attestation de ma présence effective dans l'établissement. Il doit également envoyer un courrier écrit stipulant que je travaille bien à temps plein et joindre de multiples informations annexes. De mon côté, j'appelle à plusieurs reprises différents services pour m'assurer que tout est définitivement réglé. Mais je m'entends répondre : « Encore vous ! Écoutez, patientez ! L'affaire suit son cours »...

Et je ne parle même pas de ma première année en tant que titulaire où j'ai dû me contenter de 300 euros les trois premiers mois ; un « retard » dont je me serais bien passée car, quand il s'agit de payer le loyer et les factures, il n'y a aucun délai qui tienne !

Toutes ces petites déconvenues mises bout à bout finissent par « taper » sur les nerfs et causer du tort au moral. Bien sûr qu'il faut relativiser, que des chômeurs et des travailleurs pauvres dorment dans les rues et que l'on peut toujours trouver plus malheureux que soit. J'en suis bien consciente. Mais est-ce pour autant qu'un salarié doit se contenter de peu en regardant toujours plus bas que lui ? Un professeur a des devoirs envers l'État, j'en conviens. Quant à ses droits, ils se réduisent aujourd'hui en peau de chagrin. Pourtant, sous prétexte qu'il y a des situations bien plus précaires que la sienne, on lui retire le droit de se plaindre...

Vous avez dit évolution de carrière ?

Quand un enseignant veut évoluer, enseigner à l'étranger, quitter l'enseignement pour un autre ministère ou suivre une tout autre voie, il doit s'armer de courage.

Il a bien sûr la possibilité de passer des concours internes pour devenir chef d'établissement, inspecteur... Mais là où les choses se compliquent, c'est lorsqu'il émet le désir de quitter l'enseignement. Un prof qui démissionne, si encore il y parvient, ne touche pas d'indemnité de licenciement. Pas facile alors de rebondir pour créer une entreprise ou se former pour entamer une seconde carrière !

Enseigner à l'étranger alors ? Très bien mais où ? Les places sont chères et certains dossiers se perdent, traînent dans les bureaux du rectorat. Une année, j'ai fait une demande pour enseigner en Europe. Les documents devaient parvenir avant une date précise à l'inspection académique après l'apposition des signatures du chef d'établissement et du recteur. Pour ne pas perdre de temps, j'ai déposé le dossier moi-même au rectorat. Mais, quelques semaines plus tard, alors que j'appelais l'inspection académique pour connaître l'avancée du traitement de mon dossier, on m'a rétorqué que rien ne leur était parvenu à mon nom. J'ai aussitôt joint le rectorat et, comble de « malchance », mon dossier reposait depuis trois semaines sur un bureau, en attente d'être transmis aux services compétents...

Bien plus stressant que ma situation est celle d'une collègue qui s'est vu refuser sa demande de mise en disponibilité par le rectorat alors que le ministère des affaires étrangères lui avait attribué un poste de « résident » à l'étranger. En plein déménagement avec son conjoint, elle ne pouvait pas faire marche arrière. Elle a appelé tous les jours les personnels chargés de régler son problème. Elle a dû les harceler au téléphone pour obtenir enfin gain de cause. En attendant, bonjour le stress !

Quant à ces fameux « congés pour étude » qui doivent permettre aux enseignants d'évoluer, de suivre une formation ou de passer un concours, ils sont attribués au compte-gouttes. Le congé pour étude doit permettre au prof en formation de toucher pendant un an 80 % de son salaire. Mais pour l'obtenir, il lui faut s'armer de patience : huit ans, au grand minimum. En attendant, s'il veut suivre une formation, il a toujours la possibilité de s'arranger sur son temps libre. Et, il est bien connu que les enseignants en disposent beaucoup de temps… surtout la nuit !

Interdit de démissionner

Et quand un prof veut quitter l'enseignement, de quel moyen dispose-t-il ? L'ultime échappatoire à laquelle les enseignants peuvent se raccrocher se réduit-elle à la démission ? Avant de sombrer dans la folie ou le désespoir, un professeur a-t-il encore le droit de démissionner ? Rien de moins certain… Un enseignant peut, à sa grande surprise, se voir refuser par courrier administratif plusieurs demandes de démission successives. Même ce choix, le système éducatif le lui interdit parfois. C'est le cas d'un prof de physique appliquée qui rend compte de son parcours du combattant au quotidien l'*Union* de Reims. Ne pouvant plus enseigner sa discipline dans son académie par « manque de poste », il finit par envoyer sa démission que le rectorat refuse à deux reprises. Lui aussi est jugé comme un « professeur très compétent qui s'investit pour les jeunes et pour le lycée ». Mais il doit se contenter de remplacements ici ou là et, pas toujours dans sa matière. L'ironie du sort, dans cette histoire, est que le recteur justifie son refus de « réserver une suite favorable » à sa demande sous prétexte qu'il « manque de titulaires remplaçants sur la zone » ! Pourquoi le professeur ne parvient-il donc pas à obtenir un poste à l'année dans sa discipline s'il y a une pénurie d'enseignants dans cette même discipline ? Devant les refus répétés du recteur d'accepter sa démission, le professeur ne se présente pas à la rentrée. Il quitte l'Éducation nationale, non par démission, mais pour « abandon de poste ». Écœuré, l'enseignant n'a pas supporté d'être traité avec un tel mépris. Non seulement, il dénonce le « vrai mépris du prof, à qui on propose d'enseigner une matière qui n'est pas la sienne » mais également « un mépris des élèves » à qui l'on « donne n'importe quel prof »...

À l'instar d'un soldat en première ligne conscient de l'absurdité de sa situation et de la vanité de sa mission, le professeur peut donc en dernier recours choisir de déserter, de quitter le navire avant qu'il ne soit trop tard. Il a compris qu'il ne pourrait pas sauvegarder un système vicié de l'intérieur. Alors il lui reste à sauver sa peau. Seul contre tous, il ne se sent plus la témérité ni l'inconscience d'un Don Quichotte. Il préfère laisser le bébé à d'autres. En ce qui le concerne, il a jeté l'éponge...

Une fois le prof titularisé, plus personne ne se soucie de sa santé

Je me souviens d'une collègue de français qui avait eu un cancer de la thyroïde alors qu'elle enseignait comme « non titulaire » depuis une dizaine d'années. Elle s'en était sortie et était considérée comme « guérie » au bout de quelques années. Elle venait de passer le CAPES (Certificat d'aptitude au professorat de l'enseignement du second degré) et l'avait obtenu.

Mais durant l'année de sa titularisation, la seule épreuve qu'elle ne réussit pas à passer avec succès fut celle de l'examen médical. Comme elle avait eu un cancer, il y avait des risques de récidive.

L'État ne voulait-il pas prendre le risque d'embaucher une future malade ? Difficile à dire dans la mesure où je n'ai jamais eu le dossier entre les mains… Mais cette affaire m'a marquée. Cette collègue avait quelques années d'ancienneté à son actif et je n'admettais pas qu'elle pût subir une telle humiliation, une ignominie selon moi. À la fin de l'année scolaire, elle m'a affirmé que tout était rentré dans l'ordre et qu'elle avait obtenu gain de cause. Elle venait d'être titularisée.

L'année de la titularisation est bien la seule durant laquelle un professeur rencontre de façon systématique un médecin du travail. Durant l'« examen médical », on lui pose des questions. Est-ce qu'il fume ? Est-ce qu'il boit ? Est-il stressé ? Parvient-il à trouver le sommeil ? A-t-il de l'appétit ?… Le prof stagiaire peut bien répondre ce qui lui chante dans la mesure où on ne lui fait aucune prise de sang, aucune radio… Il doit juste « avoir l'air » d'aller bien. C'est le plus grand bluff médical que je connaisse ! Une fois qu'il est entré dans la « grande famille » de l'Éducation nationale, plus personne ne se soucie de sa santé. À lui de se ménager du mieux qu'il peut…

Et que pensent donc les enseignants de tout ça ? J'ai recueilli leurs témoignages : ils sont éloquents…

Un professeur à bout lâché par sa hiérarchie

« La polémique enfle après la tentative de suicide du jeune professeur des écoles à Brousses-et-Villaret vendredi dernier, quelques heures avant de faire l'objet d'une inspection. »

(La Dépêche.fr, 12 mars 2008)

De ces professeurs méprisés et lâchés par leur hiérarchie, j'en ai rencontré un. Cet enseignant est toujours en fonction et a accepté de me raconter dans les détails toute son histoire, à la condition de garder l'anonymat. Il a déjà suffisamment souffert de son expérience pour prendre le risque de faire remonter l'affaire aux oreilles de certains. En revanche, il m'a apporté les photocopies de tous les rapports qui témoignent de la véracité de ses dires. Les faits sont accablants et les documents éloquents…

Un professeur mis sur le banc des accusés pour avoir noté « trop » sévèrement

Un an avant le début de l'histoire, une nouvelle principale prend ses fonctions dans le collège où enseigne ce professeur depuis déjà quelques années. Il n'a jamais eu alors à déplorer d'incidents majeurs. Or, cette année, les élèves lui reprochent de leur donner des devoirs trop difficiles à exécuter alors que, selon ses dires, il se contente d'« extraire les exercices de leur livre ». Certains élèves et leurs parents, déçus des notes et des moyennes qu'ils découvrent sur les bulletins, s'en prennent à lui. Le plus naturellement du monde, ils en viennent à affirmer que c'est de la faute du professeur s'ils obtiennent de mauvais résultats.

Pourtant, affirme-t-il, « je notais les copies à leur juste valeur, en toute conscience professionnelle ». Et il reconnaît : « il est vrai que je refusais d'abaisser le niveau » en précisant aussitôt : « je n'ai jamais demandé à mes élèves de réaliser des tâches infaisables ».

L'année suivante, l'enseignant est donc considéré par la direction comme un « professeur très exigeant, ce qui, admet l'intéressé, « était plutôt valorisant et flatteur au début ».

Tout commence alors avec une classe qui le « prend en grippe ». Parmi les meneurs, « sévit » un adolescent qui se permet tout, du fait que sa mère est membre du CA (le Conseil administratif qui vote le budget, les affaires courantes ou exceptionnelles d'un établissement scolaire). L'enseignant reçoit des projectiles dès qu'il a le dos tourné. Un jour, il surprend sur le fait « le petit caïd », la main levée avec un bout de gomme prêt à être lancé. Il lui demande aussitôt de ramasser tous les morceaux qui jonchent le sol à ses pieds et l'exclut du cours. L'élève proteste, lance qu'il n'est « pas un chien » et sort.

Les incidents se multiplient et donnent lieu à des rapports que l'enseignant transmet à la direction. Une autre fois, le professeur découvre sur son tableau des mots d'insultes et, quelques jours plus tard, les mêmes injures sur la porte de sa salle. Ce jour-là, il refuse de faire cours. Il fait noter un mot dans le carnet de liaison de ses élèves pour relater l'incident. « Des parents m'ont soutenu » tient-il à préciser mais de soupirer : « mais pas ceux qui avaient des fonctions au sein de l'établissement comme les représentants des parents d'élèves, par exemple ».

La principale semble prendre la défense du professeur devant la classe mais en aparté, lui fait comprendre qu'elle va transmettre un rapport à l'inspection académique pour l'informer qu'un enseignant a refusé de faire la classe pendant une heure.

Les cours reprennent ensuite, comme si de rien n'était. Mais très vite, la principale convoque l'enseignant dans son bureau pour l'informer d'un courrier rédigé par le président d'une fédération d'élèves, en accord avec les parents, pour se plaindre de l'attitude de deux enseignants dans le collège. Il fait bien entendu partie des deux « excommuniés ». Mon confrère me relate l'entretien, me rapporte que la chef d'établissement l'« attaque sur sa façon de noter les élèves » et qu'elle lui cache la lettre. Il parviendra à se la procurer dans son dossier qui se trouve au rectorat.

Là, il découvrira que la lettre a été rédigée « à l'initiative de Madame la principale » et non pas des parents d'élèves. Dans ce courrier surréaliste, il est écrit que « les élèves ne savent plus gérer le professeur », comme s'il incombait aux élèves ce rôle…

Pire encore ! Les chefs d'accusation énoncés dans cette lettre s'avèrent un tissu de mensonges et de calomnies. Le « ramasse ta gomme et sors » que l'enseignant a ordonné au jeune fautif pris sur le fait devient, dans la lettre, « ramasse ta gomme sale chien ». Pourtant, l'élève a rapporté le jour même l'incident à un autre professeur et jamais il n'a fait mention de cette insulte.

Deux ans après les faits, l'enseignant apparaît encore très marqué. « Jamais je n'ai pu confronter cette lettre avec tous les rapports contradictoires écrits par mes collègues et moi-même » se plaint-il et d'ajouter : « malgré mes demandes, je n'ai jamais pu savoir quels témoignages d'élèves et de parents avaient été envoyés à l'inspection académique ».

Dans cette lettre, le professeur est donc accusé d'insultes envers ces élèves et même de racisme. Ainsi, il aurait dit devant la classe au sujet d'une élève qu'elle « n'a[vait] pas une tête d'arabe ». L'enseignant se défend d'avoir jamais proféré de tels propos. « Ce qui s'est passé, me dit-il, c'est qu'au début de l'année, alors que je faisais l'appel pour la première fois, une élève n'a pas répondu à l'annonce de son nom. J'ai levé la tête et j'ai parcouru du regard la classe. L'adolescente en question, une blonde aux yeux bleus, a répondu présente et moi, j'ai simplement réagi par un "ah oui ?" interrogatif dans la mesure où le nom en question était à consonance maghrébine. Rien de plus. Je ne sais pas ce que les élèves ont rapporté à leurs parents mais je m'étonne de ce que j'ai pu lire *a posteriori.* »

Dans le même ordre d'idées, les parents d'élèves reprochent au professeur, par le biais de cette lettre, ses réflexions à l'égard des tenues vestimentaires de leurs enfants, « au nom d'une marque de vêtements ou d'une écharpe à l'emblème d'une équipe de football ». Selon eux, c'est une atteinte grave à la liberté et un enseignant n'a pas à interdire à des jeunes de s'habiller de telle ou de telle façon.

Mais « ce qui s'est réellement passé, relate mon interlocuteur, c'est que j'ai fait comprendre à mes élèves que certaines tenues vestimentaires n'avaient pas lieu d'être au collège, qu'elles étaient déplacées ». Ces remarques, il les formule à un garçon de sa classe qui porte un sweat-shirt sur lequel sont imprimés en gras les versets du Coran, à un autre qui se camoufle le visage avec une écharpe palestinienne ou encore à certains qui arborent fièrement la panoplie vestimentaire complète de l'équipe de football du Maroc alors que l'équipe de France a été sifflée la veille lors d'une rencontre France-Maroc au stade de France.

« Je me suis toujours référé au règlement intérieur qui stipule qu'une tenue correcte est exigée dans l'enceinte du collège. On se doit de réagir devant la provocation manifeste de certains élèves ; sinon, de quoi avons-nous l'air ? » remarque l'enseignant et il précise que toutes les médisances proférées dans ce courrier « étaient anonymes » et qu'« aucun élève ne s'est plaint en particulier ».

La principale ne se contente pas de lui cacher la lettre. Elle informe l'enseignant de la décision qu'elle a prise de demander une « inspection de vie scolaire ». « J'étais ravi », me dit-il. « Je pensais que tous les rapports que j'avais rédigés sur la classe allaient ressortir et que je pourrais enfin mettre au clair toute l'histoire. » En effet, une inspection de vie scolaire ne porte pas sur une pédagogie disciplinaire en particulier mais sur le climat de travail au sein d'une classe.

Mais quelques jours plus tard, la chef d'établissement l'informe qu'elle n'a pas pu obtenir cette inspection et qu'elle a dû faire appel à une inspectrice de la discipline enseignée par le professeur. Elle dit bien la connaître et rassure l'enseignant. Ce dernier n'a « rien à craindre ».

Inspection ou lynchage ?

« Cette inspectrice est venue me voir un jeudi avant les vacances pendant la dernière heure de cours que j'avais avec une classe et elle est arrivée en retard » regrette-t-il. Quant aux élèves, « ils avaient été tenus informés de sa venue alors que j'avais bien précisé à la principale que je ne prévenais pas mes élèves ». Et le lendemain de l'inspection, le vendredi avant les vacances, certains élèves ont fait circuler la rumeur que l'enseignant était « viré »...

Le jour de l'inspection, « la classe était très calme » tient à préciser mon confrère. Le professeur n'a même pas à gérer des problèmes de discipline. Durant l'heure de cours, déclare-t-il « les élèves m'ont même dit avoir compris la leçon de grammaire, et ce, devant l'inspectrice ». Puis, le professeur s'entretient avec celle-ci dans le bureau de la chef d'établissement et en sa présence. L'inspectrice ne remet pas en cause le sérieux ni la conscience professionnelle du professeur mais elle écrira dans son rapport que l'enseignant « n'est plus en mesure d'assurer sa sécurité ni celle de ses élèves ». Elle lui reproche également de ne pas réitérer ses explications quand les élèves le lui demandent ainsi que d'être « sur la défensive ».

Pourtant, sourit mon interlocuteur, la classe était étrangement calme ce jour-là. Il n'a pas eu à élever le ton et il était aussi détendu qu'on peut l'être dans une telle situation. Il conteste donc le rapport et envoie une lettre très argumentée au recteur d'académie en reprenant point par point les remarques sans fondement de l'inspectrice.

Mon interlocuteur me fait alors lire un autre rapport rédigé deux ans auparavant par un autre inspecteur alors qu'il enseignait dans le même collège et dans lequel on ne tarit pas d'éloges sur lui. La conclusion de ce rapport suffit à en saisir toute la teneur : ce professeur « sait intéresser ses élèves (...) Dynamique, actif, souriant, il a su instaurer dans sa classe un harmonieux climat de travail et de respect mutuel. Il exerce son métier avec efficacité et sérieux ».

Que s'est-il donc passé en deux ans ? A-t-il pu devenir mauvais et incompétent en un laps de temps si court ? Ou peut-être bien pire encore : s'est-il transformé en véritable danger public ? Il est permis de douter...

Tout porte donc à croire que les résultats de l'inspection ont été décidés à l'avance et que ce lynchage en bonne et due forme devait légitimer le départ d'un professeur encombrant.

« Le comble de l'histoire, m'apprend l'intéressé, c'est qu'a posteriori, j'ai appris que l'inspection avait eu lieu avant la rédaction de la lettre par le président d'une fédération de parents d'élèves » et il soupire : « c'est donc la chef d'établissement qui a tout orchestré et cela me désole encore plus »...

Enfin, durant l'entretien, la principale du collège et l'inspectrice lui demandent toutes les deux, « pour sa sécurité et celle de ses élèves », de se mettre « en congé maladie longue durée », et ce, jusqu'à la fin de l'année. Il reste alors encore un trimestre de classe. La principale, agacée, ajoute ensuite qu'elle ne tient pas « à ce que se reproduisent ici les incidents » qui ont eu lieu dans d'autres établissements voisins. Elle fait alors référence à des débordements d'élèves dans des collèges classés eux aussi en ZEP et qui perturbent gravement les cours.

L'enseignant refuse de quitter son poste sous des prétextes qu'il juge fallacieux et apprend alors à ses « inquisitrices » qu'il s'est fait insulter sur un blog par neuf de ses élèves et qu'il va porter plainte contre celle qui l'a nommément cité.

Mais le jour du conseil de discipline qui doit exclure la fautive, le professeur ne sera même pas convié. Personne ne l'a prévenu alors qu'il fait partie des membres permanents de ce conseil. « J'aurais pu le faire annuler pour vice de forme, lance-t-il dans un soupir, « mais je n'en avais plus la force » avoue-t-il. Il a bien conscience alors que sa hiérarchie veut le faire taire.

« J'ai tenu bon jusqu'à la fin de l'année scolaire sans aucun arrêt » se félicite-t-il, fièrement. Le professeur ne veut pas être mis à l'écart. Il n'a rien fait de mal et s'estime au contraire victime d'une terrible injustice. En revanche, il n'a pas d'autre choix que celui de demander sa mutation pour l'année suivante. À ce sujet, il ne comprend toujours pas le conseil donné par son inspectrice. Mot pour mot, voici l'explication paradoxale qu'elle tient au professeur : « Puisque vous avez des difficultés pédagogiques, didactiques et relationnelles, vous devriez demander un poste au lycée » ! On peut donc en déduire, d'après ses dires, que les profs de lycée sont tous des névrosés en puissance ou alors que l'enseignement au lycée ne requiert aucun talent, qu'il soit d'ordre pédagogique, didactique ou relationnel. Curieuse argumentation pour inciter un enseignant à changer d'air !

« Tu es incapable de te rendre compte de ton incompétence » **(propos du principal adjoint adressés à l'enseignant)**

Le professeur demande un poste près de chez lui, qui apparaît comme vacant lors des mutations intra-académiques. Mais, comble de malchance, ce poste correspond à un départ à la retraite et vient d'être supprimé. L'enseignant, dépité, se voit refuser sa mutation. Il n'a pas voulu émettre d'autres demandes de peur d'être muté loin de chez lui, sur plusieurs établissements. En fin de carrière, il estime ne pas avoir à subir cela.

La chef d'établissement le convoque alors et le professeur s'entend dire, mot pour mot, du principal adjoint : « tu es incapable de te rendre compte de ton incompétence ». Il le tutoie alors que l'enseignant le vouvoie et il s'acharne contre lui. Désormais, le professeur fera en sorte d'être accompagné par un collègue afin d'avoir un témoin qui puisse relater le déroulement des entretiens et confirmer la véracité de ses dires.

Finalement, un arrangement est trouvé pour l'année suivante. Il remplacera à l'année un collègue dans un établissement de la région.

Mais avant de quitter le collège, l'enseignant demande à ses élèves d'écrire une rédaction pour rapporter les faits selon leur point de vue. Il a gardé les copies, sans doute comme une preuve dont il aurait éventuellement pu se servir si on l'avait à nouveau attaqué sur son professionnalisme. En effet, quelques jeunes ont exprimé leurs regrets. Et l'enseignant veut souligner que certains élèves sont venus le voir pour le « remercier de leur avoir appris des choses durant l'année » et pour lui dire « qu'ils regrettaient ce qui s'était passé ».

Autre source de réconfort : quelques parents d'élèves lui ont adressé des lettres d'encouragement et de soutien. On peut y lire, par exemple : « Ne changez rien à votre façon d'enseigner. Nous trouvons injuste le fait que certains parents puissent penser que ce sont vos méthodes de travail qui soient responsables de l'indiscipline » ou encore : « Nous trouvons très courageux de votre part de continuer de travailler dans de telles conditions. »

« En guise d'épilogue, sourit mon interlocuteur, ma dernière année scolaire s'est excellemment bien passée. » Et il me dit, ravi, qu'il a même pris le soin de photographier les mots remplis de sympathie que ses élèves avaient écrits au tableau, comme s'il avait encore besoin de se prouver ses capacités.

Malheureusement, en tant que titulaire remplaçant, il a dû réitérer une demande de mutation pour cette année. Or, aucun poste ne lui ayant été attribué, il s'est présenté dans son ancien établissement de rattachement. La principale ne cache pas son mécontentement de le voir revenir et, lorsqu'il lui demande s'il peut remplir une fiche de vœux pour septembre afin d'inscrire ses souhaits en matière de classes et d'emploi du temps, elle lui donne la feuille, lui tourne le dos et lui lance : Si ça vous amuse… » L'enseignant remplit la fiche et, au moment de quitter son bureau, apprend à la principale qu'il vient de passer une excellente année scolaire dans un autre collège de la région.

Finalement, il doit accepter cette année d'enseigner dans deux établissements différents. C'est une jeune collègue, fraîchement nommée, qui prend sa place sur le poste qu'il aurait bien aimé reprendre car il s'y sentait bien. Mais les voies du rectorat sont tellement impénétrables que le mystère des mutations demeure entier. La jeune enseignante prend sa place alors qu'elle doit effectuer trois heures de trajet quotidien. Quant à lui, il a eu beau avancer au rectorat qu'il voulait garder ce poste proche de son domicile, sa demande est restée à l'état de vœu pieux.

Après coup, il réalise qu'il n'a jamais voulu admettre sa défaite. C'est pourquoi il a toujours refusé de se faire psychanalyser. Mais il avoue s'être senti déprimé un an après les faits, au moment où il ne reçoit pas d'affectation et qu'il attend. À la peur de se retrouver au chômage du jour au lendemain pour motif d'abandon de poste, s'ajoute la terrible conviction de se sentir « inutile, zéro », « comme si je n'existais plus » murmure-t-il. Et il me confie que « tout a rejailli à la surface ».

Ainsi, alors qu'il retourne dans la ville où se sont déroulés les faits, il raconte : « des jeunes âgés de 16 à 20 ans m'ont insulté alors que je ne les connaissais même pas ». Depuis, regrette-t-il, « j'ai l'impression d'avoir perdu une partie de ma liberté. Je ne prends plus le risque de retourner là-bas, de peur de me faire agresser ». Pourtant, l'enseignant pratiquait régulièrement une activité artistique dans cette ville. Il y a renoncé, par peur des injures et des menaces. « Qui prendra ma défense si je suis agressé ? » interroge-t-il.

Mettez de meilleures notes et tout ira mieux ! Les mauvaises notes découragent les élèves…

Durant les événements éprouvants qu'il a relatés, mon interlocuteur m'informe qu'il a pu bénéficier d'une cellule d'écoute auprès de l'Autonome de solidarité, un lieu d'accueil pour tous les adhérents. Une personne anonyme l'a écouté. Ce réconfort, même à distance, l'a un peu aidé. Mais c'est seul qu'il a voulu s'en sortir. « Désormais, me dit-il, j'ai pris beaucoup de recul par rapport à mon métier. Avant, mes élèves, c'était un peu comme mes enfants. Je voulais à tout prix les tirer vers le haut. Or, quand on prend une grande gifle dans la figure, c'est encore plus dur à supporter car on a vraiment tout donné. Désormais, ce que je dirais aux parents, c'est que leurs enfants m'ont rendu malade alors maintenant, ils ne m'intéressent plus. » Il ajoute : « Pour ne plus avoir de problèmes, j'ai totalement changé mes barèmes. Je donne les mêmes types de devoirs qu'avant mais j'obtiens par ce stratagème des meilleurs résultats. Tout le monde est content. » La principale du collège le lui avait bien dit : « Mettez de meilleures notes et tout ira mieux ! Les mauvaises notes découragent les élèves. »

Mon confrère hausse les épaules et lance : « 80 % de réussite au brevet des collèges en zones difficiles ! Très bien ! Mais les notes qu'on attribue aux élèves sont bidons. Elles trompent ces derniers sur leurs réelles capacités et c'est plus tard que s'effectuera la sélection. Et là, gare au réveil douloureux »...

Les professeurs doivent-ils se contenter d'être de bons bergers ?

Ce témoignage met en lumière les difficultés pour un professeur d'enseigner aujourd'hui en toute bonne foi, sans complaisance, laxisme ni démagogie. En effet, quel système pernicieux que celui de l'Éducation nationale ! Les meilleurs « éléments » sont enclins à s'abaisser à la médiocrité, à restreindre leurs exigences et à en faire le minimum ! Comme ces professeurs sont malheureux ! Pris en tenaille entre leur bonne foi, leur professionnalisme et leurs exigences d'un côté et la grande braderie des diplômes de l'autre, « l'enseignant incorruptible », en paix avec sa conscience professionnelle, doit faire preuve d'une santé de fer pour résister aux assauts des démagogues donneurs de leçon.

Pour avoir la paix, combien de professeurs rehaussent-ils généreusement les moyennes de leurs élèves ? Et combien d'entre eux se demandent-ils à quoi servent les notes qu'ils distribuent quand celles-ci n'évaluent plus des compétences réelles mais demeurent comprises dans une fourchette « raisonnable » qui atténue les différences entre les meilleurs élèves et les autres ? « Passage sans niveau » ai-je entendu prononcer maintes fois lors de conseils de classe. À quoi bon donner son avis si tous les élèves sont tenus de passer systématiquement dans la classe supérieure ? Et pourquoi leur attribuer des notes, alors ? Comme dans l'émission, *L'École des fans* qu'animait Jacques Martin, pourquoi ne pas prendre la décision de mettre un dix sur dix à tous nos élèves ? La question des moyennes serait définitivement réglée et on pourrait peut-être enfin envisager de commencer à travailler sans craindre les revendications ou les mécontentements de toutes parts ! Jamais l'institution scolaire ne récompense les professeurs dévoués et méritants. Elle préfère l'égalitarisme médiocre plutôt qu'une inégalité des talents, susceptible de créer des situations de crise. Ne pas faire de vagues, garder le troupeau d'élèves comme de bons bergers, et surtout, bien éviter d'en perdre un sur le chemin. Telle est donc la mission des professeurs ? Pas étonnant qu'un sentiment d'étouffement pèse aujourd'hui sur les professeurs…

Le clientélisme gagne des parts de marché à l'École

Si certains enseignants sont autant découragés, c'est que le conflit qui les oppose à leurs instances hiérarchiques dépasse largement l'enceinte des établissements scolaires. Le prof souffre terriblement d'un déficit d'image qui le décourage et le désespère.

Dans une société consumériste de l'immédiateté et du non-sens, la culture est dénigrée, dévalorisée et « martyrisée » puisqu'elle s'inscrit dans la durée. Le professeur, ce passeur de connaissances, se retrouve à son tour déconsidéré dans la mesure où il ne répond plus aux attentes clientélistes du moment. Aujourd'hui, l'École et la société semblent se côtoyer sans se comprendre. À y regarder de plus près, les professeurs sont-ils les victimes d'un système qui les malmène, les déconsidère et leur fait porter sur les épaules le poids des responsabilités de l'échec éducatif et plus généralement, celui de la perte des valeurs d'une société en pleine décadence ? Les enseignants semblent pris en tenaille entre leur volonté de former des citoyens, des futurs adultes instruits, mus par un esprit de critique aiguisé et la pression extérieure qui demande des techniciens prêts à entrer sur le marché du travail. Les enseignants s'interrogent : à quoi les programmes servent-ils ? Mon enseignement a-t-il encore sa raison d'être ? Quelle est ma légitimité ? Autant de questions qui ne trouvent pas toujours de réponses et qui découragent bon nombre de professeurs consciencieux. Le clientélisme « gagne des parts de marché » à l'École. Imaginez une grande vente à la criée où le baccalauréat serait bradé pour quelques dizaines d'euros !...

Sur le terrain, je rencontre parfois des élèves désireux de suivre un cursus scientifique. Ils demandent une première S (scientifique) avec 3 de moyenne en mathématiques et guère davantage en sciences. Certains d'entre eux redoublent même leur seconde. Je tente alors de leur expliquer que leurs notes ne leur permettront pas d'accéder à une filière S et qu'ils feraient mieux de réfléchir à une autre orientation. Mais la plupart demeurent hermétiques à toute discussion. Pour eux, « vouloir » doit nécessairement équivaloir à « pouvoir » et leurs parents viennent trop souvent nous le rappeler.

L'ignorance brandie comme un étendard

Le plus déprimant pour les professeurs est de rencontrer des élèves qui conjuguent l'ignorance avec l'arrogance. Un enseignant ne déplore pas tant les lacunes de ses élèves que leur attitude. Ce qui entame son moral, c'est l'ignorance que brandissent fièrement certains adolescents comme un étendard. Pour un certain nombre d'élèves, les savoirs livresques et, d'une manière générale, la culture dans son ensemble, ne les touchent pas. Ils s'en désintéressent. Pire, ils la discréditent à partir du moment où elle n'entre pas dans leur univers étriqué.

Au collège, les élèves sont souvent trop jeunes pour reconnaître la supériorité intellectuelle du maître. Pour eux, le prof est un drôle d'individu qui parle une langue qu'ils ne connaissent pas et qui par conséquent ne les intéresse pas. Certains ricanent bêtement et leurs seules préoccupations d'ordre scolaire reposent bien plus souvent sur la couleur de l'encre ou du stylo qu'ils vont utiliser pour remplir l'en-tête de leur copie que sur des questions d'ordre grammatical, orthographique ou littéraire. J'ai même déjà entendu un jeune de troisième me demander effrontément : « Vous avez connu Victor Hugo ? Non ? Moi non plus. » Cette remarque a valeur de démonstration irréfutable pour cet élève qui, le plus naturellement du monde, estime en connaître autant que le prof. La culture, le passé historique, certains élèves s'en moquent. Ils préfèrent vivre dans l'instant et passer leur temps à s'amuser plutôt qu'à s'inscrire dans une certaine continuité culturelle et historique. Le problème est que cette « culture de l'immédiateté » génère une forme d'errance qui n'a rien de très épanouissant. De même, cette génération de « zappeurs » a de plus en plus de mal à maintenir sa concentration très longtemps. Elle semble avoir perdu le goût de l'effort. Les jeunes veulent tout et tout de suite. C'est le règne du présent qui l'emporte. Les professeurs ne parviennent plus à communiquer avec certains élèves qui se ferment et qui considèrent l'enseignant comme un « vieux con ».

Ce refus et ce discrédit des savoirs constituent l'un des aspects les plus déprimants du métier d'enseignant, de même le gouffre culturel qui sépare souvent le professeur de ses élèves. J'ai parfois le sentiment que le savoir est un trésor que certains « ne méritent pas ». Plutôt qu'un véritable échange et qu'une communication, c'est un dialogue de sourds qui s'instaure. Qui doit s'adapter à qui ? Quel discours un professeur se doit-il de tenir à ses élèves ?

La société de consommation a conduit certains ados à une telle passivité qu'ils paraissent, dans des cas extrêmes, à la limite de la lobotomisation. Mais ils se sentent forts et puissants puisque le paradoxe actuel conduit les « lettrés » et les intellectuels en général à s'excuser en permanence en pratiquant une constante autoflagellation et une autocritique perpétuelle.

L'enseignant invité à se mettre dans la peau du « jeune »

Malheureusement, l'École finit en effet par se plier à la pression extérieure en s'adaptant à une certaine forme de médiocrité. J'en veux tout particulièrement aux hautes instances de l'Éducation qui se sont véritablement lancées dans une entreprise de culpabilisation des professeurs. On demande de plus en plus à l'enseignant de se mettre dans la peau du « jeune », de le copier. J'ai vu des collègues sortir démoralisés d'une rencontre avec une inspectrice qui leur avait tenu un discours démagogique outrancier. Selon elle, il fallait encourager les téléphones portables, faire des blogs avec les « jeunes ». À la question d'un collègue : « Et à quel moment est-on censé créer des blogs avec nos élèves ? », elle avait répondu : « là n'est pas le problème ». Elle estimait que les professeurs avaient tendance à « traumatiser » les élèves et qu'ils notaient trop sévèrement. Et d'ajouter : « Il faut prendre les jeunes comme ils sont »... Ravie de l'apprendre, Madame l'inspectrice ! Je ne vois pas comment un enseignant peut faire autrement que de « prendre l'élève comme il est »... Encore faut-il vouloir l'élever le plus loin possible dans les hautes sphères de la connaissance et non pas se contenter de s'émerveiller devant son « statut de jeune ». Ce genre de discours me fait l'effet d'une grande gifle dans la figure. Je n'ai pas envie de suivre ce genre de « conseils » qui précipitent selon moi la chute du système éducatif.

Dans le même ordre d'idées, que penser, par exemple, de ce professeur d'histoire-géographie, un de mes anciens collègues, qui s'est vu reprocher par son inspecteur d'apporter « trop de contenus » à ses cours ? Ce reproche me rappelle celui qui était adressé à Amadeus Mozart, lequel aurait soi-disant porté « trop de notes » à ses opéras et ses symphonies. Et pourquoi pas instaurer une novlangue, la même que décrivait George Orwell dans son œuvre, *1984* ? Retirons sans vergogne les mots du dictionnaire s'ils sont jugés trop difficiles, voire trop subversifs ! Il est sage de suivre les conseils des humanistes du XVIe siècle, qui, à l'instar de Montaigne, préconisaient une « tête bien faite » plutôt qu' « une tête bien pleine » et s'assurer que les élèves ont bien assimilé les savoirs que l'on est chargé leur transmettre. Mais je m'insurge contre certaines pratiques actuelles qui consistent à remettre en cause la transmission des connaissances, comme celles de quelques inspecteurs qui ont déclaré la guerre à la « tyrannie des savoirs ». À l'inverse, je considère que les savoirs constituent des outils de libération et d'émancipation. Le vrai terreau de la tyrannie, c'est bien l'ignorance…

Cette suspicion portée sur les savoirs déstabilise les enseignants qui font parfois l'amère expérience d'une certaine ineptie de pratiques pédagogiques.

Par exemple, un professeur de français peut passer des heures et des heures à expliquer à ses élèves quelle méthode il faut appliquer pour construire un plan ou pour élaborer une bonne introduction sans jamais aborder une œuvre avec ses élèves. C'est le cas également pour un professeur d'histoire. Un collègue me faisait une fois une remarque intéressante : « on demande aux élèves d'énoncer en premier l'idée directrice puis d'annoncer l'événement mais on retarde toujours le moment où l'on va enfin aborder l'événement proprement dit ». Le cours pourrait rester abstrait très longtemps. À quoi leur sert-il, aux élèves, de savoir bâtir un plan s'ils ne connaissent pas les grands événements qui ont ponctué l'histoire de l'Humanité ? Un professeur d'histoire a de quoi s'arracher les cheveux…

La réflexion se nourrit de matière, d'aliments culturels. Sans connaissance, la pensée demeure une coquille vide. À titre de comparaison, c'est un peu comme si les élèves disposaient de centaines de recettes de cuisine mais d'aucun ingrédient pour les préparer.

Le jargon linguistique est tout autant une source de désagrément pour les professeurs qui refusent souvent de l'utiliser en classe, tellement ils le jugent inutiles. Aujourd'hui, les enseignants de français déplorent que leurs élèves sachent reconnaître un « schéma actantiel » ou « un énoncé ancré ou coupé de la situation d'énonciation » – outils « technicistes » et « linguistiques » bien trop longs à expliquer ici – mais qu'ils n'aient jamais lu un livre d'un auteur du XIXe siècle, qu'ils situent Molière au XXe siècle et *Les Fables* de La Fontaine au Moyen Âge.

Un professeur a donc de plus en plus de fil à retordre pour faire passer des connaissances. Parfois, il s'avoue vaincu et baisse les bras devant un tel rejet des savoirs et un aussi grand déni de son autorité.

« Un prof doit nous respecter s'il veut qu'on le respecte » (parole d'élève)

Le plus grave est que ce sont tous ces discours démagogiques qui sont venus ronger l'autorité professorale. Il y a quelques semaines de cela, j'ai dû raisonner un élève qui me reprochait de lui « avoir manqué de respect » parce que je n'avais pas répondu à l'une de ses questions alors qu'il avait passé l'heure à bavarder avec son voisin. Sûr de tenir LA Vérité, il me lance : « un prof doit nous respecter s'il veut qu'on le respecte ». À aucun moment il ne s'était remis en question ni n'avait pensé à présenter ses excuses pour son comportement. Je lui ai demandé s'il voyait le professeur comme l'égal de ses élèves ou si ces derniers lui devaient obéissance. Il ne m'a rien répondu. Voici alors la teneur des propos que je lui ai tenus : « Si je ne te réponds pas, c'est que j'ai mes raisons. Tu n'as pas à les discuter et encore moins à me répondre avec insolence. Quand tu te tiendras convenablement en classe, alors peut-être que tu pourras venir brandir auprès de moi le mot « respect ». En attendant, comporte-toi correctement et tu verras à quel point je peux changer d'attitude à ton égard »...

Bon nombre de professeurs doivent désormais tenir ce genre de discours à leurs élèves. C'est le cas d'une de mes collègues qui a dû calmer un adolescent remonté par des revendications égalitaires en lui répondant sèchement qu'une salle de classe n'avait pas vocation à être une démocratie.

Les profs ne sont pas toujours aidés par leur hiérarchie directe pour asseoir leur autorité. Certains chefs d'établissement, heureusement minoritaires, placent à égalité la parole de l'enseignant avec celle de l'élève. Pas étonnant ensuite que les adolescents se comportent parfois comme des enfants terribles, se faisant les alliés des principaux de collèges pour mieux « casser du prof » ! La devise commerciale visant ainsi à prétendre que « le client est toujours roi » tend à s'appliquer dans les établissements scolaires. Ainsi, lorsque les élèves s'estiment lésés ou « victimés », selon leurs termes, par un professeur, l'institution scolaire se doit de prendre en compte leur mécontentement afin de réparer le « préjudice » subi.

L'État reconnu coupable d'avoir abandonné un enseignant

Dans des cas rarissimes, l'Éducation nationale est condamnée pour avoir « lâché » un enseignant en l'abandonnant à son triste sort.

L'une de ces affaires qui a filtré dans les médias en raison de sa gravité est celle de ce professeur d'Étampes, Karen Montet-Toutain, poignardée en plein cours par un élève en 2005 dans un lycée. L'élève, condamné à treize ans de réclusion, a fait appel et les jurés de la cour d'appel de Paris n'ont pas retenu la préméditation. L'agresseur a vu sa peine réduite à dix ans de réclusion.

Je reviens ici sur cet exemple dans la mesure où l'État a été reconnu coupable de ne pas avoir su protéger l'enseignante alors qu'elle avait appelé au secours et alerté sa hiérarchie au sujet de plusieurs incidents dans lesquels étaient déjà impliqués d'autres élèves que son agresseur. Ainsi, trois ans après les faits, l'État s'est vu condamné à verser 15 000 euros à la victime. En effet, une loi datée du 13 juillet 1983 stipule que l'État se doit de « protéger les fonctionnaires contre les menaces, violences, voies de fait, injures, diffamations ou outrages ».

Devant la multiplication des agressions et des incivilités, on a tout à attendre que de telles décisions de justice se réitèrent, la première faisant office de jurisprudence…

Mais dans cette affaire à rebondissements, c'est la réaction du rectorat de Versailles et de son recteur qui est surprenante. « C'est une décision tout à fait naturelle qui ne vaut en rien jugement sur la responsabilité de qui que ce soit » affirme le recteur dans un reportage diffusé le 8 décembre au *20 heures* de France 2. Il estime donc que le rectorat n'a pas besoin d'interjeter appel puisque l'État serait exonéré de toute responsabilité. Un État jugé coupable et condamné mais qui refuserait d'assumer sa responsabilité ? N'est-ce pas là un raisonnement dénué de toute logique ? On avait déjà entendu le refrain « responsable mais pas coupable » pour une autre affaire, non moins sordide. Mais jamais encore je n'avais eu écho du « coupable mais pas responsable » !

Pourtant, différents médias rapportent le contraire. Ainsi, l'enseignante avait apparemment adressé un courrier électronique à une inspectrice pédagogique. Elle faisait part de la peur qu'elle avait de ne plus se sentir en sécurité. Le tribunal administratif de Versailles a tranché afin que l'enseignante victime soit indemnisée. C'est donc que la justice a reconnu explicitement la responsabilité de l'État. Pourquoi le rectorat refuse-t-il de reconnaître sa part de responsabilité ?

D'une manière générale, un professeur qui met les pieds dans un engrenage judiciaire ennuie vivement les autorités éducatives. Il fait parler de lui et en cela, c'est déjà trop. Il n'a pas su rester à sa place, n'a pas réussi à étouffer l'affaire ni à trouver un arrangement à l'amiable et n'a pas voulu coopérer par le jeu de la démagogie pour contenter l'élève et ses parents. Bref, il constitue un boulet que l'Éducation nationale n'a pas très envie de traîner derrière elle. Alors, par tous les moyens, ce professeur un peu trop revendicatif ou légaliste, on tente de le muter, c'est-à-dire, d'effacer son passé et de le réintégrer dans les rangs afin qu'il ne fasse plus de vagues.

Un professeur abandonné par ses pairs

> *« Un professeur de musique de Belley (Ain) s'est suicidé il y a une semaine alors qu'il faisait l'objet d'une enquête pour des soupçons d'actes pédophiles sur des élèves, a-t-on appris hier. En instance de divorce, il avait déjà fait deux tentatives de suicide. »*
>
> (*Direct matin*, 9 octobre 2008)

Au-delà du manque d'appui au niveau hiérarchique et de la lâcheté de certains chefs d'établissements qui préfèrent donner raison aux parents d'élèves plutôt qu'aux professeurs, « l'entente cordiale » ne va pas toujours de soi entre les enseignants. Méconnaissance des exigences et des spécificités des autres disciplines, stress, surmenage, tension, individualisme ou pressions diverses sont autant de facteurs susceptibles de détériorer le climat dans un établissement scolaire. C'est pourquoi, au sein même des enseignants, il n'est pas rare qu'un conflit éclate, uniquement pour des questions de personne.

Une ligne de démarcation coupe en deux la salle des professeurs

Certains cas de mésentente peuvent générer des situations explosives qui finissent le plus souvent par se régler à l'amiable. Mais parfois, une simple étincelle peut réveiller des tensions larvées. Par exemple, il suffit juste qu'un « instituteur » exige le silence absolu à la cantine et que son collègue tolère un peu de bruit pour qu'une crise se déclare. Le premier accuse le second d'agir en « dictateur » qui riposte sur-le-champ en taxant l'autre d'incompétence et en le traitant de laxiste, incapable de faire régner le calme. Ils s'insultent alors de tous les noms d'oiseaux quand ils n'en viennent pas aux mains. Il arrive même parfois qu'ils menacent de porter plainte pour s'être sentis humiliés. En effet, un professeur n'a pas l'habitude qu'on le juge sur sa manière de concevoir l'autorité ni dans sa pratique éducative et pédagogique. Il rencontre peu d'inspecteurs dans sa carrière et se retrouve seul maître à bord. Normalement, c'est lui qui donne des ordres. Il a donc souvent beaucoup de mal à admettre les critiques d'un collègue, fussent-elles constructives. Que la remarque lui soit adressée sur un ton légèrement autoritaire suffit à le faire sortir de ses gongs... Heureusement, tout finit en général par s'apaiser et les affaires de ce type se terminent très rarement devant les tribunaux. Elles traduisent néanmoins le climat de tension qui peut pourrir un établissement scolaire. Les profs sont tellement pressurisés qu'ils en viennent à craquer pour un rien.

Il arrive pourtant que le contentieux prenne des formes tout à fait surprenantes et surréalistes. Ainsi, je connais un établissement – dont je tairai volontairement le nom tellement la situation est grave – dans lequel une ligne de démarcation matérialisée par un trait de craie bleue sépare la salle des professeurs en deux. Le trait monte même sur les murs : d'un côté, les « nouveaux profs », de l'autre, les « anciens ». Et chaque « équipe » dispose de sa machine à café et de son matériel pédagogique. S'agit-il d'un nouveau jeu dont les intéressés sont les seuls à connaître les règles ? Ces profs ont-ils voulu faire le *remake* de *La Guerre des boutons* ou bien sont-ils des nostalgiques du mur de Berlin ? Difficile à dire...

L'exemple que je décris là constitue un cas isolé mais les conflits de personne touchent largement autant l'Éducation nationale que les autres professions. Le monde du travail est stressant par essence et certains professeurs, épuisés, ne supportent plus la moindre contrariété.

L'entraide des « professeurs de ZEP » est-elle un mythe ?

Quant à l'entraide légendaire des professeurs enseignant en ZEP, elle s'avère bien souvent très relative. En effet, quand tout va bien, un prof se sent soutenu, sûr de faire partie d'une équipe solidaire. Mais l'année où il se retrouve totalement chahuté par sa classe, il sait que derrière le regard compatissant de ses collègues qui l'abreuvent en conseils de toutes sortes, se cache un certain sentiment de supériorité à peine feint : « Moi, je n'ai aucun problème avec mes élèves. Comment ? Toi, ils ne t'écoutent pas ? Vraiment, c'est incompréhensible. » Un professeur en souffrance dans l'exercice de son métier demeure seul face à son problème. Et même si certains collègues tentent d'intervenir dans sa classe pour y restaurer un semblant de discipline, que penseront alors les élèves ? Qu'ils ont affaire à un faible, à un prof qui fait appel à d'autres pour les punir à sa place ? Il n'est donc pas toujours évident d'intervenir dans le cours d'un collègue dont la salle de classe est attenante à la nôtre et où le niveau sonore a atteint un tel degré d'intensité qu'on se demande si les élèves ne sont pas en train de casser les tables et les chaises. Que faire ? Hurler un bon coup et s'assurer que la sécurité des élèves et du collègue n'est pas menacée ? Attendre que nos propres élèves nous réclament d'intervenir pour « faire taire le bordel d'à côté » ?

Quoi qu'il en soit, il est très dur pour un professeur d'asseoir son autorité s'il s'est laissé déborder en début d'année. Et ses collègues ne peuvent que le plaindre, le soutenir moralement ou le conseiller de changer d'établissement…

En ce qui me concerne, j'ai dû me débrouiller seule le jour où un élève m'a volé mon portefeuille. C'était « mon problème » et les autres professeurs n'ont pas remué le petit doigt pour m'aider à retrouver le coupable. Je ne leur en tiens pas rigueur dans la mesure où dans les établissements « difficiles », chacun gère le quotidien comme il peut. Mais je reconnais qu'un peu d'appui de leur part m'aurait réconfortée. Le pire est qu'une collègue a pris la défense de mon voleur en tentant de m'expliquer la raison psychanalytique du vol. Selon elle, si l'élève avait mis la main dans mon sac à main pour me prendre un portefeuille, c'est qu'il manifestait une sorte de transfert au niveau maternel et que mon sac faisait office de ventre de la mère. Je n'avais donc pas le droit de me plaindre quand un élève de sixième me témoignait une telle marque d'amour ! J'aurais sûrement dû remercier le voleur de m'avoir pris mon bien et tomber dans le syndrome de Stockholm en faisant preuve d'un peu d'altruisme et en manifestant de la compréhension vis-à-vis de mon « agresseur »...

La dictature de l'égalitarisme

Comme dans toute entreprise, on retrouve à l'École un certain esprit de compétition. C'est à qui saura le mieux tenir sa classe, celui qui pourra exhiber dans la salle des profs les cadeaux que lui ont offerts ses élèves. « C'est qu'ils m'aiment bien, moi, le bon prof ; pas comme vous autres, qui n'avez rien reçu » ! Je force un peu le trait mais il est vrai que les professeurs ont besoin de se reconnaître « les meilleurs » dans leur domaine. Cette compétition se conçoit d'autant plus que la plupart d'entre eux souffrent d'un manque flagrant de reconnaissance et savent très bien que le mérite est largement sous-estimé dans leur profession. Alors, dès que s'offre à eux la plus petite once d'opportunité susceptible de révéler au grand jour leur professionnalisme et leurs compétences, les enseignants ne se privent pas !

Mais cette compétition n'est pas du goût de tout le monde. En effet, elle remet en cause le principe de l'égalité et son dérivé : l'égalitarisme. J'ai enseigné dans un collège où certains projets pédagogiques se voyaient refuser sous prétexte de dissimuler des « intentions inavouables », comme celles de vouloir créer des « classes de niveau ». Selon le credo égalitaire, la mixité sociale et culturelle doit nécessairement se conjuguer avec hétérogénéité. Mais cette croyance utopique génère des frustrations et des échecs parmi les élèves qui ne parviennent pas à suivre. Tous les jeunes n'ont pas les mêmes capacités selon les disciplines et « l'égalité des chances » de l'école de la République ne signifie pas l'égalité des talents. Beaucoup d'enseignants souffrent de cette « dictature de l'égalitarisme » car ils ont conscience qu'elle conduit à l'impasse et à l'immobilisme.

Je me souviens des propos que m'avait tenus un collègue détenant de hautes responsabilités syndicales au niveau national. Selon lui, il fallait faire attention à ce que l'École ne devînt pas le lieu de « l'extraction des élites ». Pour ma part, je considère au contraire que l'École doit permettre de révéler des talents, des individualités et que c'est autant une aberration qu'un mal de croire que chacun est l'égal de l'autre. Lorsque j'ai laissé entendre à mon collègue que le bon sens devait régir l'École comme tous les domaines de la société, il m'a rétorqué qu'il se méfiait du bon sens. Sans doute assimilait-il le « bon sens » au « pragmatisme » et, par association d'idées, le « pragmatisme » au monde anglo-saxon et au libéralisme. On retrouve une fois encore le sempiternel refrain de la lutte des classes et du prolétariat. « L'extraction des élites » renvoie à l'image du grand méchant loup capitaliste.

Je comprends pourquoi la grande majorité des professeurs se détourne du syndicalisme. Non pas que je défende les travers du capitalisme ni que je dénigre le bien-fondé d'un contre-pouvoir, garant d'une certaine équité. Mais si je crois bon de pouvoir faire valoir ses droits et d'en appeler aux syndicats quand des décisions ministérielles apparaissent iniques, je m'allie à tous les enseignants qui souhaitent le retour de l'excellence et de l'autorité dans les collèges et les lycées. Or, le laxisme provient en grande partie de cet égalitarisme qui conduit les enseignants à devoir accepter tous les élèves dans leur classe, y compris ceux qui empêchent les autres de travailler dans de bonnes conditions.

Beaucoup de professeurs considèrent que les syndicats refusent trop systématiquement le changement par principe et, s'ils adhèrent à certaines de leurs revendications comme celles de pouvoir travailler dans de meilleures conditions, ils se désolidarisent des mouvements syndicaux qui brandissent la menace de grèves et de manifestations dès que l'on ose toucher au « collège unique ». Pour beaucoup de syndicats, imaginer que des jeunes puissent quitter l'École avant l'heure pour travailler en apprentissage chez un patron relève d'une immense injustice sociale. À nouveau, ils s'insurgent contre le fait que les filières les plus prestigieuses reviennent toujours et encore aux enfants des classes les plus favorisées.

On sait bien qu'aujourd'hui, seuls 9 % des enfants d'ouvriers et des classes moyennes ont des chances de faire Polytechnique et que jamais on n'a connu une telle inégalité sociale. Mais pour inverser la tendance, il faudrait donner toutes les chances à ces jeunes talentueux des collèges et des lycées publics. Ces derniers devraient pouvoir étudier en toute sérénité, sans avoir à subir les bavardages, les cris et toutes les incivilités de quelques cancres impunis pour qui l'École s'apparente bien plus à une foire qu'à un lieu d'étude.

Les enseignants ont conscience que les élèves issus de banlieues populaires doivent fournir plus d'efforts que leurs « copains » des quartiers chics des grandes villes pour accéder aux grandes écoles. Or, combien de fois j'ai souffert de voir des talents gâchés à cause du laxisme ambiant. J'encourage de mon mieux les élèves curieux, avides de connaissances et soucieux de bien faire, d'approfondir leur travail, de ne pas se contenter du minimum et de lire beaucoup. Mais je sais, au fond de moi, qu'ils pourraient progresser bien davantage dans un climat studieux et calme.

Combien de temps perdu à faire de la discipline ! Et comme les professeurs se sentent souvent inutiles et démunis ! En effet, n'y a-t-il pas plus grande frustration que celle de se voir sans cesse empêché d'exercer correctement son métier ?

À force de vouloir comprendre et excuser les incivilités, l'Éducation nationale maltraite les élèves méritants en diminuant leurs chances de réussite. Elle rend également le travail des professeurs très difficile. En effet, les enseignants passent bien plus de temps à reprendre les quelques élèves indisciplinés qu'à s'occuper de tous les autres qui subissent sans rien dire un nivellement vers le bas. C'est cette injustice qui mine les professeurs. Je la condamne et considère que les syndicats devraient davantage cibler leurs motifs d'indignation.

La « mafia » syndicale

« Tous les animaux sont égaux mais certains sont plus égaux que d'autres. » La paternité de cette formule revient à George Orwell dans son œuvre, *La ferme des animaux*.

Or, dans un établissement de banlieue ultrasyndiqué, j'ai pu être témoin d'une certaine « mafia syndicale » prônant l'égalitarisme pour tous mais attribuant à ses adhérents les meilleures places. L'une de mes collègues, proche de la retraite, m'avait alors expliqué comment elle avait dû renoncer à passer « hors classe », c'est-à-dire, à accéder au plus haut échelon des certifiés, à cause de quelques syndicalistes qui auraient fait barrage à sa promotion. Elle en voulait à l'enseignante, une grande « ponte » du syndicalisme, qui lui avait reproché son « carriérisme » alors qu'elle-même passait au rang des agrégés peu de temps après, sans passer le concours. Par ancienneté ? Par piston ? Ou par une juste reconnaissance d'un excellent travail accompli ? Quand on sait le peu de places attribuées à ces agrégations hors concours, on est en droit de se poser des questions…

Enfin, ces mêmes syndicats qui demandent des heures de concertation pour que les professeurs puissent monter des projets pédagogiques en équipe, ne devraient-ils pas faire preuve de ponctualité durant ce temps qui leur est imparti ? Combien de fois me suis-je « réunie avec moi-même » en attendant de voir apparaître ces défenseurs d'une DGH (Dotation horaire globale) généreuse !

J'ai vu des syndicalistes rayonnants et motivés en train de préparer des banderoles pour les prochaines manifestations ou de chasser sans ménagement les élèves de l'enceinte d'un collège pour cause de grève surprise. Mais pour aller rejoindre leurs classes, ils traînaient les pieds… Défendre une meilleure éducation est une cause louable. Encore faut-il allier la pratique à la théorie.

Finalement, le sentiment d'injustice s'accroît chez les professeurs quand ils constatent que les passe-droits et les privilèges d'une infime minorité de pairs les empêchent de se réaliser et de faire valoir leur travail et leur mérite.

Je ne suis pas une farouche détractrice du syndicalisme et j'ai connu des représentants syndicaux efficaces, soucieux du bien-être des enseignants et de la réussite des élèves. Les syndicats souffrent de la déperdition d'un grand nombre d'adhérents et disposent donc de moyens plus faibles pour défendre les droits des enseignants. Mais ils devraient songer à se remettre un peu en question en se demandant en toute honnêteté ce qui peut servir l'intérêt des élèves et des professeurs.

Pourquoi certaines disciplines sont-elles autant sous-estimées ?

Quand l'excellence rime avec désespérance…

J'ai recueilli le témoignage d'une consœur, une enseignante toujours en activité dans un collège. Elle enseigne « l'éducation musicale » et tente par tous les moyens de faire de cette discipline une passerelle entre les différents arts, une sorte d'apport culturel qui fait cruellement défaut chez certains élèves issus des classes sociales les plus défavorisées. Mais son dynamisme lui vaut le rejet de certains de ses pairs qui l'ignorent ou la traitent avec condescendance.

Elle me rapporte qu'elle est arrivée dans un collège où tout était à construire au niveau de l'éducation musicale et de l'histoire de l'art. Très vite, elle a tenté de mettre en place des projets ambitieux. L'un d'entre eux consistait à créer une classe à PAC (Projet artistique et culturel) en partenariat avec l'école de musique de la ville. Mais certains professeurs défenseurs d'un certain « égalitarisme » totalitaire se sont opposés à ce projet, jugeant qu'elle souhaitait créer « une classe d'élite ». Elle regrette que personne ne l'ait défendu, pas même le principal.

Autre projet, autre refus. Toujours très entreprenante, elle réussit à obtenir une aide de l'Éducation nationale pour emmener les élèves à l'opéra cinq fois dans l'année. Mais un seul professeur accepte de la suivre sur cette idée. La raison : les enseignants refusent de se déplacer à Paris le mercredi après-midi.

Dernier exemple éloquent : elle anime un spectacle dans un théâtre avec de vrais professionnels. Les élèves côtoient un ingénieur du son, un batteur et un bassiste et font l'expérience d'une vraie scène. Mais le jour de la représentation, elle ne dénombre que cinq professeurs parmi les spectateurs.

« C'est surtout le manque de reconnaissance de mon travail qui me mine » se plaint-elle. Et elle tient à préciser : « j'ai un diplôme d'éducation musicale et de chant choral et j'ai fait plusieurs années de conservatoire ». Or, elle regrette que « les autres profs se croient autorisés à punir leurs élèves sur l'heure de chorale » ou à leur interdire de participer à un concert sous prétexte qu'« ils ne sont pas bons en maths ».

Cette enseignante passe son temps à se battre pour défendre sa discipline auprès des autres professeurs et doit également gérer les problèmes d'incivilité dans sa classe. Elle doit puiser beaucoup d'énergie pour garder le moral et l'envie de se surpasser. Elle se souvient du jour où un professeur d'EPS lui a demandé sur un ton empli d'ironie condescendante quel diplôme était requis pour être prof de musique. Elle lui a répondu, sur un air faussement détaché, qu'elle avait passé un diplôme lui offrant comme seule et unique prérogative de « taper sur des bambous ». « Ce qu'il ne savait pas, précise-t-elle, c'est que les trois quarts des professeurs de musique ont plusieurs années de conservatoire derrière eux. Alors, il faut arrêter de nous prendre pour des demeurés » !...

Pourquoi certaines disciplines sont-elles autant sous-estimées ? « Jusqu'alors, l'enseignement de la musique a trop souvent été coupé de l'acquisition d'une culture » me rapporte-t-elle. Et elle ajoute que « l'apprentissage de la flûte constituait avant la base principale du cours ». Elle reconnaît néanmoins l'utilité de la pratique instrumentale qui, sur un plan pédagogique, permet aux élèves de coordonner le visuel avec le gestuel. Depuis une dizaine d'années, mon interlocutrice m'apprend que les programmes de cette discipline mettent l'accent sur l'histoire de l'art et sur une ouverture culturelle qu'est censée apporter l'éducation musicale.

Il est vrai que les professeurs se sont laissés « contaminer » par un certain individualisme. Ces derniers ne prennent pas souvent le temps de s'intéresser aux objectifs didactiques et pédagogiques de collègues d'autres disciplines, et encore moins quand la matière est jugée « mineure » ou « optionnelle ». La musique, pour beaucoup d'enseignants, relève davantage de la récréation et du divertissement que d'un cours sérieux et construit.

Pourtant, le professeur m'énumère trois points qui méritent de rendre à l'éducation musicale ses lettres de noblesse.

Le chant et « la communion musicale favorisent la concentration et développent un certain respect du collectif » énonce-t-elle gravement.

À cela s'ajoute un autre intérêt évident, à savoir l'ouverture d'esprit que doit susciter l'éducation musicale. C'est l'opportunité pour des élèves issus de classes sociales défavorisées d'acquérir « un bout de culture », sans parler du « plaisir musical partagé » durant l'écoute d'extraits de symphonie où « les élèves se tiennent les bras croisés ». « Ces mêmes élèves », ajoute mon interlocutrice, sont jugés « indisciplinés, bavards et perturbateurs dans les autres matières, à juste titre, d'ailleurs ».

Cette enseignante se sert de la musique comme un tremplin vers d'autres domaines de connaissance ou comme un moyen de briser certains préjugés. Ainsi, elle aborde *Carmen*, l'opéra-comique de Georges Bizet en faisant l'apologie des femmes libérées, de ces « ni putes ni soumises » des cités de banlieues. De même, elle a recours à la musique pour approcher l'Histoire différemment avec les collégiens. Elle fait par exemple découvrir à ses élèves un compositeur contemporain, Penderecki, chez qui la musique rappelle les thrènes des victimes d'Hiroshima ou encore l'opéra de Giuseppe Verdi, *Nabucco* dans lequel le chœur des esclaves fait la symbiose entre un thème biblique, celui des Hébreux et le peuple milanais, alors occupé par l'Autriche et opprimé par Napoléon III. Enfin, lorsqu'elle appréhende le chant grégorien avec ses élèves musulmans, elle leur montre qu'il s'apparente à celui du muezzin et leur explique que la musique, à l'origine, c'est le chant.

Le règne du chacun pour soi

Mais si toute seule, elle parvient à aborder un champ culturel relativement vaste, elle doit faire appel à ses collègues pour relier les différents savoirs entre eux et leur donner du sens. Le problème, regrette-t-elle, est que la pratique de l'interdisciplinarité n'est pas suffisamment développée au collège et que chez les professeurs, c'est encore trop souvent du « chacun pour soi ».

Elle a pourtant réussi à mettre en place un partenariat avec deux professeurs de français pour étudier *La Flûte enchantée* de Mozart. Aux enseignants de lettres de se charger de la partie narrative, du conte ; à elle d'aborder tout le côté musical. « Mais très rares dans mon établissement sont les collègues qui se montrent enthousiastes à mes propositions. C'est regrettable » déplore-t-elle.

Et elle me fait part d'un projet d'envergure qu'elle a tenté de mener en collaboration avec des professeurs d'anglais. Dans le cadre du festival *Blues sur Seine*, elle s'est démenée pour faire venir un bluesman américain au collège. Elle prévient ses trois collègues d'anglais des classes d'élèves concernées par le projet deux mois avant la venue du musicien. Elle leur propose de préparer un questionnaire rédigé en anglais pour le jour de la rencontre, de faire apprendre aux élèves une chanson de blues, et éventuellement, d'en inventer une en anglais.

« Une seule sur les trois collègues a joué le jeu » relate-t-elle. Et d'ajouter : « son travail a payé ». En effet, pendant l'échange, les élèves qui ont préparé l'interview sont fiers de poser leurs questions en anglais. L'un d'entre eux avoue même avoir « envie de pleurer » tellement l'émotion est forte. Et l'enseignante de musique reconnaît, encore émue, que « ce jour-là, on a connu un vrai moment de grâce ». Le professeur d'anglais qui a travaillé en amont avec sa classe remercie sa collègue. Elle lui dit qu'elle « vient de comprendre l'intérêt de travailler en interdisciplinarité ». Quant aux deux autres, elles feignent l'ignorance : « Ah bon ? Il fallait poser des questions ? On ne savait pas. On n'a pas eu le temps »…

Enfin, toujours dans le cadre de *Blues sur Seine*, ma consœur conduit des élèves de quatrième à un concert. Une prof de SVT (Sciences de la vie et de la terre) l'accompagne. « Les élèves se tiennent plutôt bien durant le concert » précise l'enseignante de musique mais c'est la réaction de sa collègue accompagnatrice qui l'accable. Celle-ci soupire et lui lance : « ça m'a cassé la tête ce concert ! Je l'ai bien dit à mes élèves ». Le comble, c'est que de retour au collège, la prof de SVT se précipite vers le chef d'établissement pour dénigrer le spectacle. Le principal adjoint la croit sur parole, remettant aussitôt en cause une sortie prévue avec des classes de troisième.

Un professeur de SVT aurait-il autorité en matière d'éducation musicale ou sa discipline ferait-il de lui un professeur plus respectable qu'un simple « joueur de flûte » ?

Le professeur se rend à son travail dans un état de quasi-dépression permanente

Devant le mépris à peine caché de certains collègues, elle tombe en dépression. « Tu sens ton corps qui part » décrit-elle. Pendant une semaine, elle reste cloîtrée chez elle à pleurer et à dormir. « Je n'arrivais pas à desserrer les dents tellement j'étais tendue » reconnaît-elle. Elle refuse d'aller consulter un psychiatre car elle se dit que ce n'est pas elle qui va mal mais ceux qui l'entourent. Durant toute l'année, elle se rend à son travail dans un état de quasi-dépression permanente. Elle fume cigarette après cigarette pour calmer ses nerfs. Son mal-être la conduit même au déni de son métier. Ainsi, quand elle rencontre de nouvelles personnes dans un cadre privé, elle leur raconte qu'elle est coiffeuse. À bout, elle finit par écrire une lettre de trois pages qu'elle envoie respectivement au rectorat, à différents syndicats et à son inspecteur. Dans ce courrier, elle relate les refus qu'elle a dû essuyer dans l'année de la part de quelques-uns de ses pairs et du chef d'établissement. Seul un syndicat lui répond, le SE-Unsa (Syndicat Enseignant-Union nationale des syndicats autonomes) pour la soutenir mais la lettre finit par se retourner contre elle. En effet, des représentants du SNES (Syndicat national des enseignants du second degré) haut placés au niveau national, règnent en maîtres tout puissants dans le collège. Ils lisent sa lettre lors d'une réunion syndicale où tous les collègues de l'établissement sont conviés et font passer l'enseignante pour « une dépressive et une folle dingo », selon les dires de l'intéressée.

Cette année, elle exerce toujours dans le même collège. Elle n'a pas suffisamment de points pour espérer obtenir un poste fixe à l'année dans un autre établissement et elle ne souhaite pas faire de remplacements « ici et ailleurs ». En musique, plus encore que dans une autre discipline, elle sait qu'il faut du temps pour instaurer un climat de confiance et de travail avec les élèves. En effet, le prof de musique accueille en moyenne cinq cents élèves chaque année et s'adresse en majeure partie à des non-musiciens. Or, cette année elle se félicite des progrès qu'elle a obtenus dans ses classes au niveau de la discipline.

Mais, « si ça va de mieux en mieux avec mes élèves », reconnaît-elle, elle regrette d'autant plus de « raser les murs dans la salle des profs ». Elle pense avoir modifié un certain train-train dans le collège et selon elle, c'est sans doute la raison pour laquelle elle agace autant. Elle a fini par réussir à négocier une heure trente de chorale par semaine et normalement, elle n'aurait pas dû avoir à la quémander dans la mesure où l'établissement bénéficie d'un classement en « Réseau Ambition Réussite » avec les moyens financiers qui lui sont impartis. Elle a toujours le sentiment d'être « regardée de haut, avec un certain mépris » et c'est « ce mépris qui me fait mal » soupire-t-elle. Pourtant, elle vient de se faire inspecter et son IPR (Inspecteur pédagogique régional) n'a pas manqué de termes élogieux pour qualifier le sérieux et l'efficacité de son travail. Elle avoue « mourir d'envie » de faire savoir très fort dans la salle des profs que son inspection s'est très bien passée et qu'elle est « une bonne prof ».

Enfin, elle reconnaît qu'elle a décidé de se protéger de « peur de devenir folle » ajoute-t-elle. Cette année, elle choisira de se mettre en arrêt maladie avant de tomber à nouveau en dépression. Elle se demande juste si elle va pouvoir continuer à tenir sur le rythme qu'elle s'est imposé. Ses amis la considèrent comme « hyper investie » dans son métier et lui conseillent de prendre un peu de recul tant qu'elle ne sera pas reconnue à sa juste valeur.

Et de conclure : « soit on me respecte, soit, allez vous faire f… » !

Les « laissés-pour-compte » de l'École

Enfin, si le manque d'entraide, les méconnaissances des spécificités du travail des uns et des autres et les carences au niveau de la communication atteignent gravement le moral des enseignants, ils touchent tout autant « les laissés-pour-compte » de l'École.

Je voudrais rendre hommage à tous ces agents de service, ces personnels ATOSS (administratifs, techniques, ouvriers, sociaux et de santé) qui travaillent côte à côte avec les professeurs. Ils sont présents dans les établissements avant tout le monde. Dès le petit matin, ils remettent en ordre les classes et les couloirs. Souvent même, ils nettoient les graffitis et les détritus jetés n'importe où par les élèves. Ils sont les témoins du climat qui règne dans un collège ou un lycée. En effet, les dégradations diverses des meubles, des murs et du matériel sont les signes d'une tension larvée dans un établissement scolaire. Eux aussi subissent les incivilités des élèves, dans les couloirs, à la cantine, à la loge. Ils font parfois office de « bouclier » quand des parents d'élèves ou des individus agressifs veulent forcer les portes d'entrée.

Je n'oublie pas non plus les surveillants, ces « pions » qui sont trop souvent confrontés à des « hordes » d'élèves déchaînés, prêts à en découdre. Mal payés et peu considérés, ils font le « sale boulot ». Beaucoup d'entre eux finissent l'année sur les rotules quand ils parviennent encore à tenir jusqu'au bout. Quand un « pion » manque à l'appel, la cour de récréation peut très vite ressembler à un champ de bataille. À quoi pense-t-il, ce surveillant à peine âgé d'une vingtaine d'années, quand il se retrouve seul devant une centaine d'adolescents survoltés ? Il doit sans doute se demander ce qu'il fait là. Il sait qu'il fait office d'épouvantail qu'une simple allumette peut anéantir en un rien de temps. Une seule chose lui reste alors à faire : prier !

Mieux que de longs discours, ces trois faits divers relatés dans *Le Parisien* parlent d'eux-mêmes :

« *Les faits remontent à la nuit du 20 au 21 novembre 2005. (...) Il est prêt de 3 h 30, cette nuit-là. Six voitures brûlent sur le parking dans l'enceinte de l'établissement scolaire [lycée de la Plaine-de-Neauphle, à Trappes]. Alain Lambert, un agent technique, tente d'éteindre le feu, d'abord avec de l'eau, puis avec un extincteur. Après l'arrivée des pompiers, cet homme de 52 ans est pris d'un malaise et décède sur place.* » (4 novembre 2008)

Le gardien d'un collège parisien de la porte d'Asnières a été tabassé par plusieurs élèves. Il était intervenu pour venir en aide à une surveillante agressée par un adolescent :

« *L'élève l'a saisie violemment par le cou en l'obligeant à se courber, puis lui a dit : Je vais te baiser. La surveillante venait juste de confisquer un ballon qu'elle avait reçu en plein visage (...) Le gardien souffre d'une double fracture au visage (...) Il souffre également de multiples contusions à l'œil, aux lèvres.* » (23 janvier 2009)

« *Un lycéen de 16 ans a frappé le surveillant qui l'avait trouvé en train de fumer dans les toilettes au lycée Vaucanson des Mureaux.* » (27 janvier 2009)

Des faits divers parmi tant d'autres…

L'École doit rester soudée et unie si elle veut faire face à l'hostilité du monde extérieur. Mais comment doit-elle se protéger de la violence qui sévit autant dehors qu'à l'intérieur des murs des établissements scolaires ? Le prof doit-il se changer en gendarme et quels sont les rapports qu'entretiennent les enseignants avec les forces de l'ordre ? Des liaisons dangereuses ?…

Prof : en première ligne sans munitions

« Une professeure de collège âgée d'une quarantaine d'années a été frappée lundi par un garçon âgé de 11 ans à Ganges, dans l'Hérault, trois semaines après l'agression d'une institutrice dans ce même département. »

(lepoint.fr avec agence, 10 novembre 2008)

D'une manière générale, les professeurs se sentent agressés en permanence par un nombre croissant d'ados qui ne connaissent que la violence comme unique moyen de communication. Certains d'entre eux ne s'en rendent pas compte : ils ponctuent chacune de leurs phrases par des insultes et répondent à leurs enseignants sur le même ton empli d'agressivité qu'ils emploient avec leurs « camarades » de classe.

Cette société ultra-violente tue les élèves dans les cours de récréation avec les jeux dangereux qui se multiplient dans les écoles. Et ces professeurs des écoles, des collèges et des lycées ne les comprennent plus, ces « petits », ces « gamins ». Les enseignants en ont peur, autant parce qu'ils savent que les plus jeunes d'entre eux peuvent passer à l'acte et venir les agresser physiquement que parce qu'une telle violence génère un sentiment d'étrangeté. Certains enseignants peuvent tout simplement finir par perdre le goût d'enseigner et choisir de faire valoir leur droit de retrait pour se protéger d'une telle violence.

L'autorité, c'est l'arme qu'on a retirée à l'enseignant.

Mais comment faire face à cette agressivité quand tous les problèmes inextricables, toutes les aberrations de l'institution scolaire sont tenus officiellement sous le seau du « Secret Défense » ? Comme dans l'Armée, l'Éducation nationale a tendance à « laver son linge sale en famille » et à évacuer tous les problèmes, comme si de rien n'était. Ainsi, je me souviens de la remarque d'un chef d'établissement lors d'un salon de l'Éducation qui se tenait à Paris. Alors que je lui faisais part de mes questionnements et de mes inquiétudes sur mon métier de professeur de banlieue, il m'avait répondu sur un ton ironique, faussement naïf et sous une forme interrogative : « Ah bon ? Il y a péril ? » – Non non, tout va très bien, ai-je alors pensé très fort. Et cela ne pouvait être autrement puisque l'autocongratulation et l'autosatisfaction permettent de sauver les apparences sur un bateau qui est en train de sombrer irrémédiablement.

Pourtant, le malaise des enseignants provient aussi d'une certaine marge de manœuvre dont ils s'estiment dépourvus. Ils subissent une certaine faillite du système éducatif comme des soldats en première ligne à qui l'on demanderait de combattre désarmés. L'autorité, c'est l'arme que l'on a retirée à l'enseignant.

« Il ne faut pas exclure d'élève de vos cours, sauf cas exceptionnels » ! Voilà le genre de discours tenu par les chefs d'établissement aux professeurs à la prérentrée. Mais que doit-on entendre par « exceptionnels » ? Que l'élève brandisse un poignard en menaçant de nous « planter » ?

Il est illusoire de considérer encore l'École comme un sanctuaire protégé, un lieu clos que rien de l'extérieur ne peut venir troubler. Mais quand la rue pénètre dans l'enceinte scolaire par le biais de la drogue, du racket et de règlements de compte entre bandes rivales, de quel champ d'action les enseignants et leur chef d'établissement disposent-ils ? Quelle place doit donc tenir l'École dans la société du XXIe siècle ? Où commence le rôle de l'enseignant et quelle ligne rouge ne doit-il pas franchir ?

Descente de gendarmes dans un établissement scolaire

La dégradation de l'image de l'enseignant est en grande partie responsable de cette crise de l'autorité. Mais est-ce pour autant que les forces de l'ordre doivent se substituer aux profs pour faire régner l'ordre dans un établissement scolaire en intervenant de façon plus ou moins musclée ?

Pour ne citer qu'un exemple, je prendrai celui de la descente de gendarmes dans des établissements scolaires du Gers qui a suscité une vive polémique. Le message audio-phonique laissé par un professeur sur le répondeur de Daniel Mermet de l'émission « Là-bas si j'y suis » de *France Inter* a été rendu public. Je le retranscris ici dans son intégralité.

« Lundi 17 novembre 2008, 10 h 30. École des métiers du Gers. Je fais cours quand tout à coup, sans prévenir, font irruption dans ma classe quatre

gendarmes décidés, accompagnés d'un maître-chien affublé de son animal. Personne ne dit bonjour, personne ne se présente. Sans préambule, le chien est lancé à travers la classe. Les élèves sont extrêmement surpris. Je pose des questions aux intrus, demande comment une telle démarche en ce lieu est possible. On ne me répond pas. J'insiste. On me fait comprendre qu'il vaut mieux que je me taise. Les jeunes sont choqués, l'ambiance est lourde, menaçante. J'ouvre une fenêtre qu'un gendarme, sans rien dire, referme immédiatement, péremptoirement. Le chien court partout, mord le sac d'un jeune à qui l'on demande de sortir. Le chien bave sur les jambes d'un autre terrorisé, sur des casquettes, sur des vêtements. La bête semble détecter un produit suspect dans une poche, et là encore, on demande à l'élève de sortir. Je veux intervenir une nouvelle fois. On m'impose le silence. Les sacs sont vidés dans le couloir, on fait ouvrir les portefeuilles.

Ces intrusions auront lieu dans plus de dix classes et dureront plus d'une heure. Une trentaine d'élèves suspects sont envoyés dans une salle pour compléter la fouille. Certains se retrouvent en caleçon. Parmi les jeunes, il y a des mineurs. Dans une classe de BTS, le chien fait voler un sac. L'élève en ressort son ordinateur qui ne fonctionne plus. On lui dit en riant qu'il peut toujours porter plainte. Ailleurs, on aligne les élèves devant le tableau. Aux dires de ceux-ci et du prof, le maître-chien lance : "si vous bougez, il vous bouffe une artère et vous vous retrouvez à l'hosto" ! Il y a des allées et venues incessantes dans les couloirs. Des gendarmes sont en poste devant les classes. J'apprendrai par la suite qu'aucun événement particulier dans l'établissement ne justifiait une telle descente. La stupeur, l'effroi ont gagné les élèves. Ils m'interrogent une fois la troupe partie. Je ne sais que dire. Je reste sans voix. Aucune explication de la direction pour le moins très complaisante.

Je comprends comment des gens ont pu jadis se laisser rafler et conduire à l'abattoir sans réagir : l'effet de surprise scie les jambes.

Au-delà de l'aspect légal ou illégal de la démarche, c'est l'attitude des gendarmes : très impolis, menaçants, ironiques, agressifs, méprisants, sortant d'une classe de BTS en disant, "salut les filles", alors que bien sûr, il n'y a que des garçons, les félicitant d'avoir bien caché leur came et abusé leur chien. À vrai dire, des marlous, de vrais durs, n'auraient pas agi autrement. C'est en France, dans une école, en 2008. Je me dis que ces gens-là, les gendarmes, devraient accompagner les gens, les soutenir, qu'ils devraient être des guides lucides et conscients. Au lieu de ça, investis d'un drôle de pouvoir, ils débarquent, on dirait des cow-boys. Ils terrorisent les jeunes. Ils sont comme des chiens. J'aurais voulu que ça se sache car ça arrive chez nous, dans nos écoles et c'est franchement inadmissible. Voilà. C'est signé un professeur qui ne manque jamais de faire dans sa classe une prévention qu'il juge intelligente contre la drogue. Merci. »

À l'écoute de ce témoignage, ma première réaction a été une très vive colère. Personne, pas même des gendarmes, n'a le droit de se conduire avec une telle impunité dans un établissement scolaire. Le manque de respect témoigné aux professeurs autant qu'aux élèves m'a paru on ne peut plus choquant.

J'ai décidé d'en savoir plus sur cette « descente » des forces de l'ordre et je suis tombée sur le témoignage d'un gendarme qui répond aux commentaires du professeur sur le forum de *France42.info*, le 8 décembre 2008. Il se présente, donne son nom et sa fonction pour faire valoir sa légitimité et sa crédibilité.

Pour faire preuve de la plus grande neutralité, je retranscris à nouveau ses propos dans leur intégralité, propos que l'on peut retrouver sur le forum de *France42.info :*

« Le lundi 17 novembre 2008, de 10 h 30 à 12 h 00, sur la demande de l'école des métiers de Auch/Pavie – lettre à l'appui – et sur la réquisition de madame le Procureur de la République à Auch, une recherche de

produits stupéfiants est organisée dans cet établissement. Dix-huit classes sont prévues – deux cent soixante quatorze étudiants âgés entre 17 et 30 ans – sont concernés. Quatorze gendarmes et deux maîtres de chiens sont en charge de ce contrôle. Je suis à la tête de ce groupe et responsable de ce contrôle – c'est pour cela que je connais bien ce dossier.

Je suis le Major Tribout, Jeannyck, commandant la brigade territoriale autonome de Auch – vous voyez, moi je n'ai rien à cacher.

Lorsque nous entrons dans la classe de ce professeur, nous sommes quatre gendarmes et un chien de recherche Stup. Nous avons été précédés du directeur de l'établissement qui entre le premier et explique le but de la visite. Lorsque nous entrons, nous disons bonjour – nous attendons toujours la réponse du professeur. Nous indiquons aux étudiants comment nous allons opérer et leur demandons de ne faire aucun geste brusque, de ne pas regarder le chien dans les yeux et de le laisser travailler. À ce moment-là, ce professeur ouvre la fenêtre et déclare : « en cinquante ans de carrière, je n'ai jamais vu ça. Nous sommes dans un État policier ». Ce professeur a la cinquantaine !!!

Nous refermons effectivement la fenêtre. Pendant toute la durée du contrôle, le professeur tourne le dos à la classe, regarde par la fenêtre. Il ne verra rien de cette intervention proprement dite et il n'adressera à aucun moment la parole à qui que ce soit, même pas pour soi-disant défendre ses élèves. Le chien n'a agressé personne et n'a démoli aucun ordinateur ou vêtement. Il y a eu des fouilles/palpations de personnes qui ont été « marquées » par le chien avec leur accord. Aucune personne ne s'est retrouvée en caleçon. Lorsque les gendarmes ont quitté la classe, l'un d'eux a effectivement dit : « au revoir messieurs dames » car dans les classes précédentes, il y avait des femmes. Dans celle-ci, il n'y en avait pas mais il n'a jamais été dit « salut les filles ». Ce que le professeur oublie de dire, c'est que lorsque nous avons quitté sa classe, il a dit aux élèves : « ouvrez vite les fenêtres, ça pue » ; ça c'est pédagogique !!!

Il faut savoir que lors de ce contrôle, six étudiants ont été trouvés porteurs de Stup dont un avec 34 grammes et une petite balance électronique sur lui pour la revente. Si ce professeur accepte ça, l'avenir de nos enfants est bien sombre.

Il faut savoir également que, un mois et demi auparavant, deux gendarmes – formateur relais anti-drogue – sont intervenus dans cet établissement pour faire de la prévention, c'est-à-dire informer du danger de la drogue sur la santé, sur les conséquences pénales, et ils ont averti les étudiants qu'il y aurait des contrôles.

Ce professeur soixante-huitard sur le retour et défenseur des causes perdues est surtout un « gros menteur » et par contre, lui ne fait pas honneur à sa profession, car je connais bon nombre de professeurs qui ont de vraies valeurs pédagogiques et qui font de la prévention en étroite collaboration avec les gendarmes. Mais lui, il retarde d'une « révolution ».

Maintenant, vous pouvez écouter ce tissu de mensonges, mais moi, Major Tribout, Jeannyck, commandant la BTA Auch et responsable de cette opération certifie que tous les propos de ce professeur sont mensongers ».

Cette affaire a valeur d'exemplarité car elle traduit bien les tensions et les malentendus qui opposent le milieu enseignant aux forces de l'ordre. Qui du professeur ou du gendarme dit la vérité ? Il est bon de ne pas se contenter d'un seul point de vue afin de ne pas se laisser aller à des jugements trop hâtifs.

Les professeurs se plaignent de ne pas être soutenus par leur hiérarchie en cas d'acte de violence avéré. Ils ne sont pas non plus habilités à fouiller leurs élèves en cas de vol ou de suspicion de détention de produits illicites. Mais quand la police ou la gendarmerie fait irruption à l'École, ces mêmes enseignants font des raccourcis un peu rapides en comparant l'intervention des policiers ou des gendarmes aux rafles de la Gestapo durant les heures les plus sombres de la Seconde Guerre mondiale. Évitons les amalgames improductifs et indécents !

Bienvenue à Alcatraz !

La vraie question que l'on doit se poser est de savoir si l'École doit encore demeurer un lieu protégé de toutes intrusions extérieures. Si c'est le cas, encore faudrait-il alors s'assurer qu'aucun élève ne puisse pénétrer dans l'enceinte des collèges et des lycées avec des armes ou de la drogue ! Que penser en effet de la dépêche suivante ? :

« Un lycéen sort une arme à Argenteuil (...) Les surveillants ont réussi à appréhender rapidement le jeune de 18 ans qui brandissait un pistolet à grenaille. Il a été remis à la police. » (leparisien.fr, 2 janvier 2009)

Des fouilles ou des portiques seraient-ils un moyen sûr pour prévenir ce genre de risques ? Je sais que bon nombre de chefs d'établissements refusent d'installer des portiques de sécurité, même si c'est la région qui se propose de financer les frais. Pourquoi ? Sans doute parce qu'ils craignent que les lycées ne soient apparentés à des établissements pénitentiaires...

Pourtant, bien des collèges et des lycées ressemblent déjà à s'y méprendre à des prisons ; nul besoin de portiques de sécurité pour cela… Une année, mes élèves avaient surnommé leur collège « Alcatraz » tellement les lieux étaient « chaleureux ». On se rendait dans les salles de classe, sortes de cellules concentrationnaires, en montant un escalier qui donnait sur un long couloir circulaire. Le préau semblait avoir été conçu pour permettre aux « détenus » de se dégourdir les jambes. Et des établissements de cet acabit, on en dénombre un certain nombre ! Cette année par exemple, ce sont des lycéens qui m'ont à nouveau parlé d'Alcatraz pour m'accueillir dans leur lycée grisâtre, perdu au milieu de nulle part. La première fois que je m'y suis rendue, j'ai cru pénétrer dans un blockhaus ou dans un abri antiatomique. Âmes sensibles, s'abstenir !

Finalement, rien de bien extraordinaire dans ce métier : l'enseignement est devenu gris dans un environnement gris avec des élèves qui finissent par devenir ternes à leur tour et des enseignants auxquels de tels décors donnent envie de se pendre…

Enseignants, pompiers, policiers, médecins… : des hommes à abattre

Un enseignant ne veut pas qu'on l'assimile à un policier, à juste raison d'ailleurs. Sa mission première n'est pas de faire régner l'ordre ni de lutter contre la petite délinquance, même s'il doit affermir son autorité pour enseigner dans de bonnes conditions.

Pourtant, ces deux professions connaissent aujourd'hui des difficultés similaires et sont confrontées à de nouvelles formes de violence et à des mineurs de plus en plus jeunes qu'ils ont beaucoup de mal à appréhender.

Les professeurs ne sont pas toujours les bienvenus dans certaines banlieues « difficiles ». Comme les pompiers sur les camions desquels des projectiles sont lancés ou les médecins qui se font désormais insulter ou agresser physiquement, les enseignants n'ont pas d'armes pour se défendre et ne comprennent pas qu'ils puissent faire l'objet d'une telle hostilité.

Je n'oublierai jamais la première année où j'ai enseigné dans un collège « sensible » de Mantes-la-Jolie. En tant que nouvelle enseignante, j'avais été conviée à faire une petite visite de la ville en car ! Nous étions un petit groupe de jeunes profs à nous demander ce que nous faisions là, assis derrière des vitres, à découvrir le Val-Fourré dans un « bunker » aseptisé, comme si nous pénétrions sur un territoire hostile. C'est vrai qu'en guise d'accueil, certains « jeunes » des cités nous avaient lancé des œufs !…

Enseignants et policiers : le suicide en ligne de mire

L'autre point commun qui rapproche les enseignants des policiers est le nombre de suicides qui touchent ces deux corps de métier. Ainsi, quand je lis :

« Une femme gardien de la paix, âgée de 25 ans, a mis fin à ses jours au commissariat de police du XVe arrondissement de Paris (…) à l'aide de son arme de service (…) elle souffrait de troubles psychologiques selon les premiers éléments de l'enquête » (source AP, 10 février 2009), je ne peux pas m'empêcher de faire le rapprochement avec tous les drames similaires qui ont touché les enseignants ces derniers mois.

Niveau de stress élevé, déconsidération, sentiment de se sentir démuni et inutile… autant de raisons qui expliquent le recours à de telles extrémités.

Les forces de l'ordre craignent d'utiliser leurs armes de peur de commettre des bavures. Quant aux enseignants, c'est désarmés qu'ils se rendent dans certaines « zones de non-droit ». Mais plus grave encore : désormais, de plus en plus de professeurs craignent de recevoir un mauvais coup pour avoir osé regarder un élève « de travers » ou pour s'être risqués à lui poser la main sur l'épaule. L'immense majorité des adolescents aujourd'hui ne craint plus ses professeurs. En revanche, je connais de plus en plus de profs qui ne sont pas très rassurés lorsqu'ils se retrouvent en face de certains élèves incontrôlables. Pourtant, le responsable de l'Autonome de solidarité laïque, André Ratabouil, m'avait fait remarquer que le seuil de tolérance des enseignants s'avérait très grand dans les collèges et les lycées classés en ZEP car les professeurs y jugeaient la gravité d'un acte en rapport avec une multitude d'incivilités qu'ils préféraient gérer en interne. À l'inverse, il m'apprenait que dans les lycées « chics », la moindre faute était sanctionnée. Paradoxalement, ce ne sont donc pas les professeurs les plus confrontés au danger qui sont les premiers à se plaindre…

Enfin, pour terminer sur ces liaisons dangereuses qui rapprochent autant qu'elles séparent les professeurs des policiers, on peut s'interroger sur les interventions des forces de l'ordre qui font irruption dans les salles de classe pour venir chercher des enfants dont les parents sont sans papiers. Si le ministère de L'Éducation nationale doit collaborer avec l'Intérieur pour régler toutes formes de litiges ou de délits, qu'il le fasse, mais hors de l'École ! Le professeur ne peut pas porter sur ses épaules toutes les défaillances du système. Par ailleurs, seules des questions d'ordre disciplinaire internes à l'établissement scolaire peuvent conduire un professeur à exclure un élève de son cours. Pour le reste, chacun son rôle, chacun son « fardeau »…

Et si l'École pouvait redevenir un sanctuaire, une enclave protégée au milieu d'un champ de bataille ? Une utopie ?

Une telle situation pourrait s'envisager si l'École se montrait capable de gérer en interne tous ses conflits et faisait preuve de moins de laxisme envers les incivilités de certains élèves qui croient encore pouvoir échapper à toute sanction. Mais la marche est encore longue et sinueuse avant de rendre à l'École et à ses enseignants une autorité légitime, reconnue et incontestée.

Le prof : en première ligne devant la montée du communautarisme

Dans le même ordre d'idées, les enseignants ne sont ni des politiques, ni des religieux. Nulle récupération d'aucune sorte n'a sa place à l'École.

Pourtant, si un professeur se pose avant tout en défenseur de la laïcité et de l'universalité des savoirs, sa mission a du plomb dans l'aile. En effet, il est confronté à la montée du communautarisme, d'un certain fondamentalisme religieux et de la misogynie qui en découle.

Je me souviens de ma stupeur quand le père d'un élève avait refusé un jour de me serrer la main, sous prétexte que j'étais une femme !

De quel stratagème un professeur d'histoire doit-il user pour éviter une émeute en classe de terminale quand il aborde la question du conflit israélo-palestinien ? Tout simplement botter en touche en choisissant de traiter la question de rechange prévue dans les programmes d'histoire en terminale, à savoir la question de l'Amérique latine, bien moins « risquée » dans des établissements scolaires en plein cœur de ghettos urbains et où la cause palestinienne ravive un antisémitisme à peine larvé.

Et quand il s'agit d'aborder la partie du programme portant sur les textes fondateurs en sixième, comment un professeur de français doit-il réagir lorsqu'il constate que l'un de ses élèves musulmans se bouche les oreilles à la lecture d'un extrait de la Bible ? Comment fait-il pour lui expliquer que l'approche de ces textes en classe se limite à une étude purement littéraire et qu'en aucun cas, il n'est question de religion ?

Les croyances religieuses viennent remettre en cause les théories scientifiques expliquées à l'École, comme celle de l'évolution des espèces. S'il veut avoir la paix, un professeur de sciences doit-il s'abaisser à reconnaître que la théorie de l'évolution est une croyance comme une autre, que tout est également vrai et que rien ne peut être démontré ? L'École pratiquerait-elle une autocensure déguisée, n'offrant plus les mêmes enseignements à tous ses élèves en fonction de la « relativité des savoirs » ?

Un placebo pour aider les profs dans leurs missions

C'est bien parce que le prof fait aujourd'hui figure de bonne à tout faire qu'il se sent découragé. La société lui demande beaucoup et il ne dispose que d'un placebo pour sauver l'École.

Comment enseigner dans de bonnes conditions dans des établissements scolaires vétustes ? L'Éducation nationale serait-elle en décalage et en retard par rapport au monde du XXIe siècle ?

Le matériel multimédia, les laboratoires de langue, les logiciels et les ordinateurs n'ont pas encore remplacé les tableaux noirs et les craies. Il y a bien quelques collèges et lycées pilotes qui bénéficient d'une dotation généreuse en outils technologiques dernier cri car ils servent de vitrine à l'Éducation nationale ; mais ils demeurent extrêmement rares. J'ai connu un prof de technologie apprenant le traitement de texte à ses élèves avec de faux claviers d'ordinateurs. L'apprentissage demeurait virtuel. Pour ma part, j'ai dû souvent me contenter de fabriquer avec mes classes des ersatz de livres car je ne parvenais pas à obtenir les crédits nécessaires pour éditer de vrais ouvrages reliés et cartonnés.

Les élèves, très jeunes, font semblant un moment de croire en de tels projets mais, une fois adolescents, ils ont besoin de réaliser de vrais objets, de travailler sur des outils de leur temps.

Je sais bien qu'un « bon » professeur n'a pas besoin de la panoplie complète du superhéros pour dispenser des cours de qualité mais le minimum vital lui fait parfois défaut. Les enseignants ne disposent pas d'ordinateurs en nombre suffisant ni d'espace propre pour travailler dans l'enceinte du collège ou du lycée en dehors de leurs heures de cours.

Malheureusement, les chefs d'établissements n'osent pas toujours contredire leur hiérarchie ni quémander auprès d'elle pour obtenir du matériel flambant neuf. Une collègue m'a rapporté qu'une année, le président du conseil régional d'Île-de-France, Jean-Paul Huchon, leur avait rendu visite au lycée et qu'il lui avait demandé si tout allait bien au niveau du parc informatique. Elle n'avait même pas eu le temps de lui faire part de la vétusté de certains ordinateurs que le proviseur la coupait pour assurer à l'homme politique que tout allait très bien.

Les professeurs souffrent autant de cette pénurie de nouvelles technologies qu'ils manquent cruellement de formation au cours de leur carrière. Et même au niveau du recrutement, rien n'est fait pour aider les professeurs puisque la formation n'évalue pas les compétences nécessaires pour enseigner. C'est pourquoi des jeunes professeurs se retrouvent démunis devant leur classe. Quant aux inspections qui jalonnent la carrière des enseignants pour 88 % d'entre eux – les 12 % restants n'étant jamais inspectés durant tout leur parcours professionnel – elles n'apportent pas de solutions pour aider les professeurs à gérer au mieux les questions de discipline. À quoi peut donc servir la remarque d'une inspectrice qui, dans son rapport, presse un professeur, à deux ans de la retraite, de « faire un effort pour maîtriser sa classe ». Un peu tard, non, comme conseil ?

La déprime financière des enseignants

La guerre est déclarée entre les professeurs et certains parents qui semblent conditionner leurs enfants à dénigrer l'autorité professorale.

Si les professeurs sont confrontés à des jeunes de banlieue qui ne sont pas toujours disposés à recevoir les connaissances transmises à l'École, ils peuvent rencontrer d'autres types de problèmes dans les quartiers « chics ». En effet, certains élèves issus de classes sociales ultrafavorisées se conduisent parfois, selon les dires d'une jeune enseignante retraitée, comme des « petits merdeux friqués », de « vrais monstres ». Ils tiennent tête à l'enseignant et le prennent pour un raté, un fauché, un moins que rien. Comment expliquer alors que le prof passe encore pour un privilégié aux yeux de certains ?

Les enseignants ne sont pas épargnés par la baisse du pouvoir d'achat. Au manque de reconnaissance de leur travail s'ajoute une sorte de déprime financière qui va très certainement de pair avec une certaine démotivation. Ces bac +5 sont loin de bénéficier d'un salaire de cadre et pourtant, tout et n'importe quoi circule au sujet de leur rémunération.

Selon une source du magazine *L'Express*, le ministre de l'Éducation nationale se félicite de l'augmentation sensible du salaire des professeurs :

« C'est un exemple des efforts de ce qui a été fait depuis le début de l'année pour les enseignants en termes de revalorisations des gratifications. Ce salaire à 4 400 euros ne va évidemment pas concerner tous les enseignants. Ce salaire ne s'applique qu'à certaines situations. On peut arriver à 4 400 euros dans certains cas si on ajoute au salaire, la prime et les trois heures supplémentaires. »

On nage en plein délire ! Le ministre aurait pu consulter le tableau des rémunérations des enseignants, disponible sur le site de son ministère… En réalité, bien plus d'enseignants souffrent de précarité qu'ils ne jouissent de salaires faramineux. Le problème est que le ministère a toujours tendance à mettre en lumière la minorité des professeurs les mieux lotis et à écarter les autres. Les petits fonctionnaires, ce sont ces profs que met en avant le blog *Ecotidien* du web. C'est « Carla, jeune prof : sa vie avec 1 500 euros par mois ». Elle ne se plaint pas car elle gagne un vrai salaire : « Pour me réchauffer… je fume. C'est mon plaisir, je fume un peu le soir après ma journée de travail » Et de rigoler : « Oh, ça va, c'est ma seule petite folie. »

Concernant ces mêmes « folies », certains hauts fonctionnaires s'en autorisent de bien plus dispendieuses, comme ces ministres que les dépenses faramineuses n'effraient pas, qui sont prêts à faire facturer

200 000 euros, rien que pour la décoration somptueuse de leurs nouveaux bureaux lorsqu'ils prennent leur poste. La chaîne France 3 avait révélé ce genre de pratiques dans son émission diffusée le 17 septembre 2008, *Droit d'inventaire*, sous le titre, on ne peut plus évocateur : « Politique : vive les privilèges » ! Les vrais privilégiés, ce sont donc eux, ceux qui tirent les ficelles et paient les salariés à « coups de lance-pierre ».

Et ce sont ces mêmes politiques qui sont prêts à tout pour faire marcher au pas les professeurs des écoles, ces enseignants qui sont pointés du doigt et mis à mal aujourd'hui par des sous-entendus plus que douteux…

Professeur des écoles : ces oubliés de l'école primaire

« Une institutrice d'une école primaire de Pézenas, dans l'Hérault, a été agressée et blessée dans l'établissement, jeudi, par une mère d'élève. Cette agression lui vaut un arrêt de travail de quatre jours. »

(lepoint.fr avec agence, 24 octobre 2008)

« Une maman a traversé avec sa voiture la cour de l'école maternelle du quartier de Vaux-Village, à Coulommiers, hier. Elle a pris la fuite après avoir abandonné le véhicule sur place (...) L'auto a percuté et défoncé le portail métallique vert empêchant les bambins de sortir. »

(*Le Parisien*, 11 février 2008)

J'ai pris le temps de m'entretenir avec quelques professeurs des écoles sur leur malaise actuel qui tend à s'accroître de façon assez spectaculaire ces derniers mois. Les appels à des manifestations ou à des mouvements de grève se multiplient depuis que le ministre de l'Éducation nationale a rendu public un document d'orientation dans lequel il est question de « définir un nouvel horizon pour l'école primaire ». Tous reconnaissent la pénibilité de leur métier qui est générateur de stress, de fatigue et qui peut conduire certains professeurs à la dépression quand ils n'en viennent pas à mettre fin à leurs jours.

Le professeur des écoles n'a pas le droit à la fatigue

J'ai recueilli le témoignage d'une collègue du primaire, de maternelle plus précisément. Pour clarifier mes propos, je précise d'emblée que l'école primaire comprend l'école maternelle et l'école élémentaire. Quant à l'élémentaire, il s'agit spécifiquement des classes qui vont du CP au CM2.

J'ai rencontré cette enseignante dans un cadre extérieur à son établissement scolaire et elle a tenu à garder l'anonymat. Toujours en activité, elle n'a pas souhaité que son nom soit mentionné. « On ne sait jamais… » m'a-t-elle fait comprendre à mots couverts.

Selon cette enseignante de maternelle, des facteurs structurels aggravants, propres au métier de professeur des écoles, sont réellement susceptibles d'engendrer du stress, de la fatigue, voire parfois des cas de dépression plus graves.

Pour commencer, elle rappelle que « le professeur des écoles a sous son entière responsabilité une classe durant toute une année scolaire ». Il est vrai que contrairement à ses collègues du secondaire qui se partagent les classes en fonction des disciplines, l'enseignant du primaire demeure le seul adulte responsable dans sa classe, l'unique professeur référent pour tous les enfants. « Si ses élèves échouent, n'ont rien appris au mois de juin, c'est lui et lui seul qui porte l'entière responsabilité de leur échec, et souvent, « ce poids est dur à assumer » reprend l'enseignante. Elle ajoute qu'« un professeur sérieux, doté d'une réelle conscience professionnelle peut être atteint moralement. Il partage même la souffrance des écoliers dont il a la charge. Ainsi, lorsque, à la fin du CP, un enfant ne sait pas lire, l'enseignant se remet en cause et se juge comme un incompétent incapable d'accomplir la tâche que l'Éducation nationale lui a confiée. La dévalorisation de soi-même est monnaie courante dans notre métier, quand le mépris ne vient pas en plus de l'extérieur ».

Au-delà de cette lourde responsabilité, certains aspects physiques du métier sont pénibles. « Le bruit est constant » tient-elle à préciser et « les enfants sollicitent l'enseignant en permanence. »

À l'école primaire, les professeurs surveillent les récréations en plus de leurs heures d'enseignement. Le travail du pion, ils l'assument sur leur temps de pause. Or, ma collègue m'explique que « plus les élèves sont petits, plus ils ont besoin de l'adulte, celui en qui ils accordent toute leur confiance et qui fait souvent office de confident sur le temps scolaire. C'est lui, qui, aux yeux des jeunes enfants, se substitue à leurs parents dès qu'ils ont franchi la grille de l'école ».

« Ils nous touchent, nous pressent pour obtenir une réponse dans la seconde et leurs sollicitations peuvent nous agresser dans les moments de fatigue ou de découragement » reconnaît-elle.

Et c'est bien là le problème : un professeur des écoles n'a pas le droit à la fatigue. Il se doit d'être disponible de 8 heures du matin à 18 heures du soir.

Une autre tâche incombe à l'enseignant du primaire : celle de signaler les élèves en difficultés ou présentant des troubles comportementaux.

« Les enseignants se heurtent souvent au déni des familles qui ne veulent pas reconnaître le problème » déplore-t-elle. Et d'ajouter : « les rapports conflictuels avec les responsables parentaux sont durs à gérer et le professeur se sent une fois de plus bien seul et démuni quand personne ne veut entendre le problème ».

La maternelle, ce n'est pas de la garderie !

Ce qui peut également décourager les professeurs des écoles, et là, il s'agit plus spécifiquement de la maternelle, c'est la méconnaissance de leur travail par les parents. Mon interlocutrice m'apprend que « lorsqu'une une mère ou un père d'élève de maternelle vient chercher son enfant le soir, les questions qu'il pose à l'enseignant ne portent jamais sur le domaine de l'apprentissage. Ce sont toujours les mêmes refrains que l'on entend : est-ce qu'Alexandre a bien mangé ? Enzo dort-il bien à la sieste ? Où est passé le bonnet de Sarah ? Ce ne serait pas sa copine, cette chipie de Marion, qui l'aurait pris, par hasard ? »...

Avec les parents, l'échange s'apparente donc le plus souvent à un dialogue de sourds. Ces derniers s'intéressent à la vie quotidienne de leurs enfants et veulent bien reconnaître la fatigue de l'enseignant qui selon eux, est exclusivement due au bruit et à l'agitation des enfants. Mais ma collègue du primaire regrette :

« jamais ils ne nous considèrent comme des enseignants à part entière, alors que l'on a exactement les mêmes compétences et diplômes que nos collègues de l'élémentaire ».

Pourtant, les enseignants de maternelle ont bel et bien un programme à suivre, des objectifs à atteindre et des compétences à faire acquérir à leurs élèves. « La maternelle, ce n'est pas de la garderie, quoi qu'en disent certains ! » lance-t-elle, agacée. Ce professeur des écoles s'insurge contre « les phrases assassines » du ministre de l'Éducation nationale qui se demande « s'il est pertinent de payer des bac + 5 pour changer des couches et surveiller des siestes ». Selon elle, ce genre de propos tenus par un homme politique en charge de l'Éducation « a causé un tort considérable à notre profession et pourtant, ces propos ne sont que purs mensonges éhontés qui ne traduisent rien de la réalité de ce métier. Malheureusement, le mal est fait auprès de l'opinion publique. Nous n'avions vraiment pas besoin de ce genre de publicité »…

Depuis, le ministre de l'Éducation nationale a présenté devant les sénateurs ses excuses aux enseignants de maternelle, affirmant que ce n'était pas son intention de les blesser.

On peut comprendre qu'un ministre veuille ouvrir les débats sur l'École dans tous les domaines confondus. Mais combien de ministres de l'Éducation nationale se sont-ils attirés les foudres des enseignants en laissant échapper des remarques déplaisantes ou erronées à leur sujet ?

Il est vrai que l'école n'est obligatoire qu'à partir de six ans. C'est une des raisons pour laquelle l'école maternelle n'est pas prise au sérieux. « Même les parents qui viennent y inscrire leurs enfants ne veulent pas qu'on leur parle d'une quelconque obligation d'assiduité » soupire mon interlocutrice.

L'enseignante me montre alors les fiches qu'elle prépare pour ses élèves et je n'ai pas de mal à constater le sérieux de son travail. L'évolution et la progression de ses cours sont réfléchies, qu'il s'agisse de la reconnaissance des mots, de la découverte d'une culture commune à travers les contes ou des premières phases de l'écriture… Les objectifs d'apprentissage sont réels et on est bien loin en effet de la garderie.

Quand la peur change de camp et que l'enfant devient le bourreau, qu'a donc prévu la loi ?

Je m'entretiens ensuite avec elle au sujet des difficultés qu'elle rencontre au quotidien avec ses collègues de travail. Elle me parle alors de la dégradation du métier d'enseignant et me fait part du degré de gravité des préoccupations dont elle est régulièrement le témoin privilégié. Ainsi, reconnaît-elle, « lorsqu'un professeur des écoles, ou une institutrice, si on préfère, se fait agresser par un élève de primaire, l'enseignant ne peut pas brandir la menace d'un conseil de discipline pour exclure l'enfant. Quant à la police, elle ne prend même pas les plaintes ».

Cette enseignante m'expose alors l'exemple d'une jeune consœur et amie qui a connu la fâcheuse expérience de se voir menacée verbalement par l'un de ses élèves de CM2 dans la cour. Voici, ce que, textuellement, l'effronté a eu l'audace de lui lancer, sans ménagement : « T'as intérêt à serrer les fesses parce que je vais te l'enfoncer profond. »

Mon interlocutrice excuse d'avance la réaction de sa collègue qui, dans une telle situation, « n'a pas osé porter plainte de peur de faire l'objet de quolibets ».

Pourtant, dans un tel cas, la menace de viol ne faisait pas l'ombre d'un doute. Qu'avait-elle à craindre, cette enseignante, l'adulte référent et responsable, d'un jeune enfant ?

D'habitude, c'est plutôt l'affrontement inverse qui s'envisage : l'enfant est la victime innocente quand l'adulte passe pour le bourreau. Mais quand la peur change de camp, qu'a donc prévu la loi ? L'adulte est-il condamné à se taire, de peur de passer pour un froussard ? Peut-il prendre le risque de riposter sous peine de commettre une bavure ? Quant à la gifle malheureuse qu'un professeur se hasarde à donner à l'élève insolent, s'apparente-t-elle vraiment au crime de lèse-majesté ? Seul, seul, seul. Voilà bien le lot du professeur qui doit ronger son frein en espérant que l'élève ne le provoque pas une fois encore et que l'incident reste clos.

En effet, si nos sociétés occidentales ont sacralisé le règne de l'enfant roi, elles ont également placé au-delà de tous soupçons sa parole. Le problème est que sur le plan juridique, les droits de l'enfance ont tendance à occulter tout le reste. La justice et la vérité sont encore loin d'être toujours bien établies comme elles le devraient. Quant aux adultes qui ont des mineurs sous leur responsabilité, ils se retrouvent malheureusement souvent démunis…

Mon interlocutrice partage mes sentiments sur cette impunité enfantine et clôt le sujet par une dernière anecdote.

Un jour, elle a vu l'une de ses collègues séparer deux élèves dans la cour. Les bambins étaient en train de se battre. L'enseignante les a sermonnés et elle a soulevé le menton de celui qui lui tournait le dos en lui demandant de la regarder quand elle lui parlait. Aussitôt, l'élève l'a toisée et lui a rétorqué, sûr de lui et méchamment qu'il irait dire à ses parents qu'elle l'avait étranglé. Et devinez quoi ? Le soir même, la mère de l'élève attendait l'institutrice de pied ferme…

Comment s'étonner alors de lire dans les journaux qu'une adolescente a roué de coups deux surveillantes dans un collège sans que celles-ci ne réagissent, se contentant d'aller porter plainte a posteriori, ou bien encore qu'un enfant en bas âge s'est jeté sur son institutrice, laquelle s'est retrouvée en état de choc ?

De telles situations passent pour totalement surréalistes. L'auto-défense est plus ou moins tolérée ou légitimée pour tous les citoyens, sauf pour les adultes qui ont la malchance de se faire agresser par un mineur. Pourquoi la victime ne tendrait-elle pas l'autre joue à ce « chérubin diabolique » qui vient de la frapper ?

Les IUFM, vecteurs de stress et générateurs d'angoisse superflue ?

J'interroge ensuite ma collègue sur les recours dont un professeur des écoles peut disposer quand il doit surmonter ce genre d'incidents.

Celle-ci admet que l'enseignant « a bien la possibilité de joindre son supérieur hiérarchique qui est l'IEN (inspecteur de l'Éducation nationale) mais en général, quand un professeur rencontre un problème avec un élève, l'inspecteur ne se déplace pas ». Elle reconnaît que « L'IEN est seul dans sa circonscription et ne peut pas tout gérer ». « Nous le rencontrons au moment de la rentrée scolaire ou encore quand il vient nous inspecter. Enfin, c'est à lui que l'on adresse toutes nos demandes administratives. Nos rapports avec la hiérarchie se limitent là » conclut-elle.

Quant au directeur d'école, c'est un enseignant détaché qui occupe la fonction de direction. « En aucun cas ce n'est notre supérieur hiérarchique. Il vit la même situation que la nôtre » tient-elle à préciser.

Malheureusement, la formation des professeurs des écoles se révèle totalement incapable de diminuer les facteurs de stress et de rassurer les apprentis enseignants. C'est même « exactement l'inverse » s'exclame-t-elle. Durant la période de formation, elle pense qu'il « est presque impossible de déceler les problèmes futurs de l'enseignant. Quant aux IUFM (Institut universitaires de formation des maîtres), ils sont particulièrement anxiogènes ».

Ainsi, les IUFM seraient vecteurs de stress et générateurs d'angoisse superflue. En effet, les PE2 qui sont les professeurs des écoles en deuxième année, ceux qui ont décroché le concours et qui sont dans leur année de stage, se retrouvent un jour par semaine devant une classe, et ce, durant toute l'année.

« Les formateurs leur présentent en modèle des cas irréalisables à mettre en pratique avec leurs élèves et bien évidemment, les professeurs stagiaires sont incapables de copier le modèle énoncé. D'emblée, ils se sentent nuls car ils n'arrivent pas à répondre aux consignes idéales des formateurs » dénonce-t-elle.

L'enseignante illustre ses propos par une anecdote qui ne manque pas de sel. Elle me rapporte que cette année, elle côtoie à l'école une stagiaire qui a en charge une journée par semaine la première section de maternelle. Son formateur à l'IUFM qui est un ancien professeur d'EPS au collège, lui a demandé de mettre en place dès la mi-septembre le « jeu des déménageurs » durant l'heure de sport. Il s'agit de transporter par équipes des objets d'un endroit à un autre afin de remplir des caisses tout en respectant un sens de déplacement bien précis.

« Or, ce que le formateur n'a pas compris, me rapporte ma consœur, c'est que les enfants sont pour la plupart à peine âgés de trois ans. Pour eux, s'asseoir dans une grande salle vide qu'ils ne connaissent pas et écouter collectivement une consigne à trente est pratiquement impossible à deux semaines seulement de la rentrée des classes. Beaucoup d'entre eux pleurent encore souvent et souffrent de la séparation parentale.

À deux ans et demi, un enfant ne joue pas en équipe. S'il voit un ballon dans une caisse et qu'il doit le transporter dans une autre caisse, il préférera le garder pour lui, ce joli ballon, plutôt que de l'abandonner pour faire gagner son équipe. Je ne parle même pas des difficultés que peut rencontrer un enfant de cet âge pour se repérer dans l'espace, qui plus est un endroit qui lui est totalement étranger, inconnu. Bref, c'est le bazar assuré. Cette enseignante stagiaire est venue me voir le soir même, quelques heures après avoir mis en pratique ce « jeu des déménageurs », jeu de massacres aurait-il dû s'intituler. Elle était en pleurs, catastrophée, persuadée qu'elle s'y était mal prise, qu'elle était nulle et sûrement pas faite pour ce métier. Je l'ai rassurée du mieux que j'ai pu mais je pense que cet échec aurait pu être évité en amont »…

Comment expliquer ce genre de malentendus entre la formation à l'IUFM et la pratique dans les écoles ? Ma collègue m'apprend que « les formateurs à l'IUFM qui conseillent les professeurs des écoles stagiaires sont des anciens professeurs de collèges et de lycées. Ils n'ont jamais enseigné à l'école primaire. C'est l'une des aberrations du système ». Le problème, déplore-t-elle, c'est qu'« ils proposent à nos futurs collègues du primaire des modèles inaccessibles au lieu de leur donner des méthodes concrètes ».

Des réformes inadaptées qui tuent les profs des écoles à petit feu ?

Concernant les dernières réformes mises en place cette année à l'école primaire, elle avoue avoir beaucoup de mal à s'y faire, comme l'immense majorité de ses collègues. Ces dernières semaines, elle vit très mal l'aménagement des nouveaux horaires dans le primaire.

Elle s'attriste de constater le découragement « des troupes » enseignantes. Elle m'avoue recevoir « des coups de fil de collègues qui ont pourtant choisi ce métier par vocation et qui craquent, se demandant si elles vont résister à la pression encore très longtemps ».

Elle me dit qu'on leur « demande de transmettre un même programme d'enseignement sur quatre jours au lieu de quatre jours et demi. L'amplitude horaire journalière est considérable, tant pour les élèves que pour les professeurs ».

Avant, des enseignants spécialisés faisant partie du Rased (Réseau d'aides spécialisées aux élèves en difficulté) prenaient des petits groupes d'élèves en difficultés quelques heures sur le temps scolaire pour les aider à rattraper leur retard, à combler leurs lacunes ou à apprendre autrement. Les élèves en difficultés rencontraient ainsi une aide individualisée apportée par un enseignant spécialisé.

Désormais, les Rased tendent à disparaître et les enseignants spécialisés devraient rejoindre très vite les rangs des professeurs des écoles. Tous les enseignants sont aujourd'hui tenus de choisir des élèves chez lesquels ils ont repéré des difficultés et, avec l'accord des familles, ils doivent leur proposer deux heures de soutien scolaire, sur le temps du déjeuner, le soir après les cours ou le mercredi matin.

« Les enfants perçoivent cela comme une punition » déclare-t-elle et elle reconnaît ne rien pouvoir imposer aux parents qui « refusent le soutien ».

« Quant à mes collègues et moi-même, on dispose à peine d'un moment pour déjeuner et on est littéralement épuisés à la fin de la journée » reconnaît-elle. Et de soupirer : « Je ne parle même pas des réunions qui nous sont imposées le soir après les cours. Avec une amie institutrice qui, comme moi, est mère d'un enfant en bas âge, je me faisais la remarque suivante : nous étions les dernières à venir chercher nos propres enfants à la crèche le soir. »

Et pourtant, beaucoup de nos concitoyens demeurent persuadés que les journées des enseignants sont bien courtes !…

L'enseignante estime qu'« il serait préférable pour tous de raccourcir le temps des vacances scolaires ou de travailler le mercredi matin plutôt que d'user les professeurs à une tâche irréalisable. Le stress, pour finir le programme en un minimum de journées scolaires, décourage et épuise bon nombre de profs ».

Le pire, se plaint-elle, c'est que « les enseignants souffrent d'un manque de reconnaissance. Leur évolution de carrière et de salaire est quasi nulle et pas question pour eux de « travailler plus pour gagner plus ». Les professeurs des écoles sont en effet particulièrement touchés par la baisse du pouvoir d'achat. Ces derniers ne reçoivent même pas les indemnités que peuvent percevoir leurs collègues du secondaire qui acceptent la fonction de professeur principal. *Le Parisien économique* rapporte que leur salaire débute à 1 310 euros net en début de carrière.

Ils doivent effectuer le même nombre d'heures sur quatre jours et les jeunes enseignants qui comptaient arrondir leur fin de mois en faisant les cantines scolaires n'ont même plus cette possibilité. Ce rythme scolaire effréné va immanquablement laisser des élèves sur le bas-côté et décourager des enseignants pressurisés et déconsidérés ».

En résumé, le malaise actuel des professeurs des écoles reposerait essentiellement sur leur immense impression d'isolement et de solitude qui va aujourd'hui de pair avec sa déconsidération.

« Les réformes sont appliquées sans réelle consultation. Notre professionnalisme est sans cesse remis en cause. L'école maternelle va sans doute être intégrée à l'école primaire dès l'âge de cinq ans. Avant cet âge, les enfants seront pris en charge par les municipalités où l'accès sera sans doute payant. Quels enfants pourront y avoir droit ? Et qu'adviendra-t-il de cette culture commune qui est celle des contes, de l'apprentissage du langage, de ce que c'est que d'être élève ? À l'école maternelle, des professeurs formés transmettent à tous ces enfants cette culture. » Et de s'interroger : « Qu'en sera-t-il après ? »…

« Sous prétexte d'économie budgétaire, enrage ma collègue, on brade notre éducation, on supprime des moyens aux enseignants et on tape sur eux quand ils n'y arrivent pas. Il faut ouvrir les yeux : les professeurs sont découragés, fatigués, déprimés et méprisés. Je ne suis guère optimiste pour l'avenir de notre école »…

Des écoles polluées par des substances cancérigènes

Le discours que m'a tenu cette enseignante de primaire traduit le malaise actuel d'un grand nombre de professeurs des écoles. Une de ses amies, « institutrice » à l'école élémentaire, m'a fait part des mauvaises conditions de travail qu'elle endure au quotidien. Ainsi, leur école est polluée par une substance nocive, le formaldéhyde. On la retrouve principalement dans les meubles en kit en contre-plaqué mais aussi dans les produits d'entretien, certaines peintures. Cette substance est cause d'allergies, de migraines… L'enseignante ne peut plus porter de lentilles de contact car ses yeux la piquent en permanence. Elle a envoyé une lettre à son inspecteur dans laquelle elle a décrit les « deux années de vaines démarches » durant lesquelles les parents d'élèves ont mis en commun tous les certificats médicaux des enfants de sa classe quand elle-même consultait le médecin pour sinusite et surinfection bronchique. Elle déplore la lenteur des démarches de la mairie et trouve normal de s'inquiéter pour sa santé et celle de ses élèves, « sachant que ce type de produit a été classé cancérigène »…

Pour les enseignants et leurs élèves, l'air est donc pollué. L'enseignante m'explique que l'équipe éducative a appelé la DASS (Direction des affaires sanitaires et sociales) et que des commissions d'hygiène et de sécurité ont également pu faire un état des lieux. « Mais rien n'a changé » se plaint-elle, et ce, malgré une grève prolongée des professeurs.

Certains d'entre eux pensent quitter l'école… « Quant aux enfants, eux aussi sont en danger » déclare-t-elle, gravement.

Plusieurs études européennes ont en effet révélé que l'air respiré dans nos écoles n'était pas sain. En 2001, L'Observatoire de la qualité de l'air avait visité onze écoles françaises et aucune d'elles ne respectait le renouvellement d'air réglementaire par heure et par personne. Ces écoles ne disposaient pas de ventilation mécanique ou alors celles-ci étaient très mal entretenues. Rien n'a changé depuis… La concentration de polluants, outre ses dangers pour la santé, ne permet pas de créer une ambiance propice au travail.

Les agressions du personnel éducatif : un attentat à la personne

Devant le malaise enseignant, deux rapports ont été rédigés en 2006 concernant « le climat des écoles primaires » et « le climat scolaire dans les lycées et les collèges ». C'est Georges Fotinos, un ancien inspecteur général de l'Éducation nationale détaché comme conseiller auprès du président de la MGEN qui les a dirigés.

Une enquête a été menée auprès des directeurs des écoles dans le primaire et des personnels de direction dans le secondaire (collèges et lycées).

Les faits saillants qui en ressortent sont que l'ensemble du personnel enseignant ressent une augmentation sensible du degré de stress à 90 % ainsi qu'une charge de travail qui va croissante tandis que les conditions d'enseignement se dégradent. Globalement, les chefs d'établissement et les enseignants souffrent d'un manque de reconnaissance des efforts et du mérite.

Ces rapports pointent également du doigt les responsables nationaux qui estiment que l'École n'a pas à chercher des solutions en dehors de l'enceinte scolaire puisque, d'après eux, « elle est son propre recours ». L'institution scolaire tend ainsi à se refermer sur elle-même.

Il est également intéressant de faire ressortir de ces études les « victimisations » spécifiques à l'espace scolaire : harcèlement, vols, extorsion, agressions verbales… Les enseignants sont loin d'en être épargnés car ils subissent de plein fouet la prolifération de ces actes violents et leur motivation en pâtit énormément.

Quelles propositions apporter pour améliorer le climat de travail à l'école ? Les rapports révèlent les lacunes immenses en matière de gestion des ressources humaines. Les professeurs n'ont pas de médecine du travail. Quant aux établissements scolaires, ils souffrent cruellement de manque d'infirmières, d'assistantes sociales et de médecins scolaires.

Dans le même ordre d'idées, un autre rapport dirigé en 2006 par le Docteur José Mario Horenstein et son équipe dévoile la « qualité de vie au travail des enseignants du premier et du second degré ». Il met en lumière le fait que les pressions venant du travail peuvent se manifester par des problèmes de santé comme de la fatigue chronique ou des troubles musculaires ; par des troubles psychologiques tels l'agressivité, l'insomnie ou la dépression ; par des problèmes de comportement comme l'abus d'alcool, le tabagisme et enfin par un malaise institutionnel qui se caractérise par les retards, l'absentéisme, les arrêts de maladie… Mais le plus surprenant concerne le « présentéisme ». Il s'agit des enseignants malades qui viennent travailler malgré tout.

On apprend ainsi d'un rapport de la Cour des comptes en 2005 que 875 enseignants du primaire et 1 175 du secondaire se trouvaient en réadaptation en 2004-2005, c'est-à-dire, affectés à des activités adaptées à leur situation, ce qui permet aux enseignants temporairement incapables de faire face aux élèves, de se refaire une santé mentale et psychique satisfaisante. Un quart des enseignants ne se sent pas en sécurité dans le secondaire et 10 % dans le primaire, ce qui est beaucoup vu l'âge des enfants qui excède rarement onze ans en CM2.

Ce qui est frappant, dans ce rapport de 2006 rédigé par des médecins, c'est la longue liste des facteurs qui entraînent les maladies mentales.

Il existe ainsi des facteurs de stress extérieurs à l'école. Quels sont-ils ? : l'image des enseignants véhiculée par les médias, les décisions du gouvernement qui vise la déprofessionnalisation du métier, les relations avec certains parents d'élèves, les rapports avec les groupes communautaires du quartier comme par exemple, les actes à motivation raciste ou antisémite qui constituent à eux seuls 3 % des signalements des actes de violence et enfin, les rapports avec le corps médical

À ces facteurs s'ajoutent ceux inhérents à l'établissement scolaire. Les enseignants travaillent presque quarante heures par semaine, dont vingt devant élèves. Ils se plaignent de leur environnement de travail, d'un milieu trop souvent insalubre et de nuisances sonores…

Enfin, des facteurs de stress sont directement liés à la tâche effectuée. L'enseignement constitue en effet un travail à forte exigence psychologique où l'enseignant doit faire face à l'indiscipline de ses élèves. Il apparaît également que, dans l'ensemble, les professeurs sont angoissés dès qu'ils ne se sentent pas en mesure de répondre aux besoins des élèves.

Le rapport médical conclut sur des chiffres alarmants.

Un enseignant sur trois s'avère souffrir d'anxiété. Par ailleurs, on déplore 10 % de professeurs atteints de dépression.

Et que penser également du constat suivant ? Parmi le personnel éducatif victime d'agressions, 12 % souffrent de symptômes comparables à l'impact psychologique lors d'attentats terroristes

Pour en finir avec les chiffres, 70 % des enseignants craignent la fatigue, la tension et le surmenage, 20 % ont peur d'agression physique et 60 % des femmes en secondaire ont peur de se faire insulter.

Quant au traumatisme que subit un professeur qui s'est retrouvé victime d'une agression, il se décompose en trois phases. L'enseignant commence par s'interroger : « Pourquoi moi ? » Il se sent persécuté et seul. Puis, il s'avoue vaincu : « Je ne m'en sortirai pas. » Enfin, le choc post-traumatique l'angoisse : « Je serai incapable de vivre cela à nouveau » se dit-il. Il ne sort jamais indemne d'une expérience professionnelle douloureuse.

C'est pourquoi, concernant tous les professeurs qui, ces derniers temps, ont tristement rempli les pages des journaux ou les titres des actualités télévisées après s'être donné la mort, il semble un tant soi peu hâtif et lâche de rejeter la cause de leur suicide sur de simples problèmes personnels, exclusivement étrangers à une expérience professionnelle douloureuse. Même si l'on peut admettre le côté personnel et imprévisible de tels gestes, on sait très bien que lorsqu'une enseignante choisit de se pendre avec une corde à sauter dans son école, son acte a un sens et nous devons y lire un message. L'enseignante qui en vient à commettre ce geste désespéré sait pertinemment quel impact désastreux un tel acte peut avoir sur les enfants.

Mourir dans son école, c'est comme écrire une lettre. C'est rendre publique sa souffrance au grand jour. C'est refuser de se taire au moment justement où l'on choisit de se taire à jamais…

Mourir pour avoir le dernier mot

« (…) On ne se tue jamais que pour exister. »
Malraux, *La Voie royale*

« La mort n'est rien. Ce qui importe, c'est l'injustice. »
Camus, *Requiem pour une nonne*

Dans les cas les plus extrêmes, certains collègues décident d'en finir une fois pour toutes avec le stress, l'angoisse et la souffrance. Ils choisissent de mettre fin à leurs jours. C'est le seul moyen qu'ils ont trouvé pour en finir avec le statut de victime. Pour une fois, ils sont maîtres de leur destin et vont jusqu'au bout de leur choix, sans aucune entrave.

Fragilité personnelle ? Problèmes familiaux ou conjugaux ? Antécédents psychiatriques ? Difficultés professionnelles ?

Sans doute la conjugaison de tous ces facteurs peut-elle expliquer un geste aussi désespéré. Mais parfois, il suffit d'une goutte d'eau, d'un incident mineur pour provoquer l'irréparable. Un professeur accusé d'avoir violenté un élève, soupçonné de déviances sexuelles, traîné devant les tribunaux ou tout simplement usé par son métier peut choisir le suicide comme issue de secours. Son geste irrévocable a-t-il un sens ? Est-ce un cri de désespoir qu'il lance d'outre-tombe à tous ceux qui n'ont pas pris le temps d'entendre sa douleur quand il en était encore temps ?

Difficile d'apporter des conclusions hâtives à un phénomène social et personnel aussi grave et complexe. Seule évidence : ils ne méritent pas de mourir, même pas pour espérer prétendre à une gloire posthume.

Les suicides qui filtrent dans les médias : la partie émergée de l'iceberg

Il est évident que les enseignants ne sont pas les seuls touchés par le fléau du stress au travail. En effet, le Conseil Économique et Social a fait savoir en 2007 qu'une personne par jour se suicidait à son travail en France et que le suicide était directement lié au stress professionnel.

« On recense en France entre 300 et 400 décès par an, liés directement aux conditions de travail » a rapporté Christian Larose, vice-président du Conseil économique et social et syndicaliste de la branche textile en 2007 au journal *Le Parisien.*

Mais aujourd'hui, les professeurs sont sujets aux dépressions liées au travail au même titre que les cadres, certains salariés du privé et les chômeurs. Le responsable Yvelines de l'Autonome de solidarité laïque, André Ratabouil, m'avait révélé que depuis la rentrée de septembre, deux professeurs s'étaient déjà suicidés, et ce, rien que dans le département des Yvelines. Nous étions alors au mois de novembre... À ma grande surprise, il m'avait appris que tous les suicides n'étaient pas recensés. En guise d'exemple, il m'avait rapporté une brève conversation téléphonique qu'il avait eue avec le rectorat pour savoir si une cérémonie devait être organisée en l'hommage d'un enseignant qui venait de se donner la mort. Au niveau administratif, personne ne semblait encore être au courant du décès. « Pour que le suicide d'un enseignant soit recensé, il faudrait presque qu'il passe pour un accident du travail » m'avait-il fait remarquer alors. Or, ce n'est quasiment jamais le cas puisque, la plupart du temps, la hiérarchie administrative estime que ce sont des « raisons d'ordre personnel » qui ont conduit un enseignant à commettre un suicide et elle refuse trop souvent de reconnaître la part des facteurs professionnels dans la survenue du décès. C'est pourquoi, les suicides qui filtrent dans les médias ne représentent que la partie émergée de l'iceberg. Un bon nombre d'entre eux passe sous silence.

Témoignage d'un proche : le suicide d'un enseignant en rapport direct avec son métier

Dans mon entourage professionnel, j'ai entendu des collègues mentionner le nom d'un professeur qu'ils avaient connu. Ce dernier s'était donné la mort à son domicile au début du mois de septembre. J'ai voulu en savoir plus et j'ai pu interroger l'un de ses amis, Jean Djemad, qui n'a pas hésité à répondre à mes questions.

Jean Djemad est cofondateur avec Christine Coudun, de l'une des premières compagnies de danse hip-hop, « Black Blanc Beur », ou « B3 », en 1984. Il a également fait des études de médecine. Très engagé auprès d'associations, de missions et de projets artistiques concernant notamment les questions de la transmission auprès des jeunes, il ne peut que se féliciter du succès de sa compagnie qui propose à ce jour une vingtaine de pièces chorégraphiques ainsi que des ateliers ouverts à tous.

Christine et Jean travaillent en collectif avec d'autres artistes, principalement des habitants devenus professionnels. Leur expérimentation a commencé au départ sur la population jeune et adolescente de Saint-Quentin-en-Yvelines.

Jean Djemad a bien connu cet enseignant. « J'étais son ami » dit-il. Et il me rapporte que « ce professeur d'anglais enseignait depuis dix-huit ans dans des zones sensibles de région parisienne », qu'il l'a rencontré alors que l'enseignant exerçait dans un collège et que « ce professeur voulait travailler avec ses élèves sur la danse et la mise en mots sur des situations ». Et il ajoute : « Lui qui me disait, au temps de notre première rencontre, que ses élèves dansaient sur les tables dès qu'il avait la tête baissée, souhaitait faire usage de la danse pour faire vivre son cours autrement. »

La compagnie de danse « B3 » propose une démarche intéressante avec les professeurs qui s'investissent dans des projets. « Il s'agit de retirer la dualité, la frontalité entre le prof et ses élèves, de dépasser un face-à-face de moins en moins productif » explique son cofondateur.

Selon lui, le suicide de cet enseignant a un rapport direct avec son métier. Si Jean Djemad reconnaît que « chaque suicide demeure une énigme » et que celui de son ami « est bien sûr lié à une fragilité personnelle », il ajoute aussitôt que ce professeur « a sublimé son problème d'ordre familial dans le fait d'être enseignant ».

Je demande alors à mon interlocuteur s'il connaît l'existence d'un facteur déclencheur, d'un incident qui aurait pu provoquer cet acte, l'expliquer. Jean Djemad me rapporte alors un fait, en apparence anodin, mais qui a fini par conduire ce professeur et ami à la dépression puis au suicide.

« C'est l'histoire tristement banale d'un élève qui refuse d'enlever son bonnet. Visiblement, ce jeune joue la provocation. Il se dit même couvert par la conseillère principale d'éducation au titre d'un certificat médical qu'il n'a pourtant jamais présenté. L'élève attend qu'un enseignant réagisse. Il représente une vraie provocation ambulante puisqu'il sait pertinemment qu'il va à l'encontre des règles de l'établissement. Un professeur ne va pas le laisser faire : ce sera l'ami et enseignant que je connaissais. »

En effet, alors que le cours a commencé, le professeur demande à l'élève d'enlever son bonnet et, devant le refus d'obtempérer du jeune, l'enseignant le lui retire lui-même, contre le gré de l'intéressé. Le soir même, l'élève porte plainte et monte en épingle l'incident. Le surlendemain, au lieu d'avoir le soutien de son proviseur, l'enseignant se retrouve mis en cause.

« À partir de là, relate Jean Djemad, le professeur est pris de panique. Il a peur que des images de lui circulent sur Internet, le salissent. Il sombre dans une sorte de paranoïa. Dans le même temps, il entre en conflit ouvert avec son chef d'établissement dont il ne perçoit pas le soutien et perd pied. Il est convoqué par le procureur de la République. La justice ne donne aucune suite à la plainte de l'élève mais le professeur est suspendu de ses fonctions. La hiérarchie semble craindre pour son état de santé. »

L'histoire prend très vite une mauvaise tournure pour le professeur. Après avoir dû répondre devant la justice, il tombe ensuite dans une grave dépression et se retrouve hospitalisé à La Verrière. « Là, confirme l'ancien médecin, il est examiné et suivi très sérieusement. » Les médecins le jugent totalement apte à enseigner et parfaitement sain d'esprit, très équilibré. D'après mon interlocuteur, « l'enseignant sort de ce centre dans d'excellentes conditions ».

L'affaire aurait pu s'arrêter là d'autant plus que la plainte de l'élève avait été classée sans suite. Mais c'était sans tenir compte de la fragilité de cet enseignant, d'une rechute post-traumatique et d'un malentendu immense. En effet, comble de malchance, l'épilogue de cette tragédie repose sur un courrier envoyé tardivement à tous les professeurs pour la rentrée.

« Ne recevant aucun document d'affectation à la rentrée de septembre 2008, mon ami se croit mis à nouveau hors-jeu. Ce n'était pas le cas mais nous ne l'apprendrons que le jour des obsèques ! Ce métier étant toute sa vie, celle-ci perdait alors son sens. C'est à ce moment qu'intervient son décès. »

Jean Djemad connaissait bien l'homme qui a mis fin à ses jours. Il tient à me dire qu'en aucun cas son ami n'aurait voulu que l'on retienne de lui l'image d'une victime. Et de préciser : « Je pense qu'il a choisi consciemment ce geste pour avoir enfin l'impression de décider de son destin. Ce choix délibéré, il l'a voulu afin que sa mort soulève un questionnement. »

« C'est le proviseur qui l'a lâché » (propos tenus par les parents de la victime)

J'ai rencontré les parents de l'enseignant et, encore très émus, ils m'ont apporté quelques précisions concernant le déroulement de l'affaire. Ils n'ont pas souhaité que je mentionne le nom du professeur pour ne pas salir sa personne et afin que l'on ne retienne pas de lui l'image d'une victime. En revanche, ils se disent que le récit d'une histoire particulière peut mettre en lumière les dysfonctionnements d'un système qui abandonne certains professeurs à leur sort.

Ils m'apprennent que suite à l'épisode du bonnet, le professeur a eu maille à partir avec son proviseur. L'enseignant a été mis à pied mais a refusé cette sanction. Il s'est quand même présenté dans son lycée. Le proviseur s'est senti menacé et a appelé la police. Après quarante-huit heures de garde à vue, le prof s'est retrouvé dans un asile de fous. Ses parents sont venus le chercher et là-bas, ils ne l'ont pas reconnu. « Il était prostré » me confie sa mère. Ils l'ont donc sorti de là et l'ont conduit à La Verrière. « Il s'y sentait bien » se rappellent ses parents. Mais les médecins le jugeant « guéri », il a souhaité en sortir…

Alors que ses proches le croient sorti d'affaire, ils apprennent sa mort. La lettre d'affectation est arrivée deux jours trop tard.

Ce que retient sa mère, c'est que son fils n'arrivait plus à trouver le sommeil et, alors qu'elle pensait que tout était rentré dans l'ordre, rien n'était terminé pour lui. C'est après coup qu'il s'est donné la mort. Il a eu le temps de ressasser les faits et de prendre conscience de toute l'affaire.

« Des professeurs » l'ont soutenu tient-elle à préciser mais « c'est le proviseur qui l'a lâché » ajoute-t-elle.

Ce professeur s'est donc suicidé parce qu'il s'est senti inutile, seul. Ses collègues de travail ont-ils vraiment pu le soutenir et l'écouter ?

Jean Djemad sait que son ami envoyait des mails aux enseignants qu'il fréquentait au lycée, et ce, très tard le soir, sans doute pour garder le contact. Ce professeur pouvait aussi compter sur des collègues avec lesquels il échangeait régulièrement et sur un enseignant en particulier qui était devenu un vrai ami, « un compagnon de route ».

Mais les professeurs n'étaient pas là au moment de sa mort qui est survenue à son domicile. Ils n'ont pas su déceler le degré de gravité de son désespoir. Malheureusement, il n'est pas toujours facile de prévoir un tel acte et les enseignants gèrent déjà un quotidien suffisamment accaparant pour disposer d'une énergie supplémentaire leur permettant de prendre sur eux le mal-être d'un de leurs collègues.

C'est au moment où les professeurs perdent leurs illusions que le monde s'écroule autour d'eux

Le témoignage de Jean Djemad permet d'élargir le débat. En effet, celui-ci n'est pas enseignant et apporte donc un point de vue neuf sur le sujet. Il n'est pas partie prenante de l'affaire, même si, dans ce cas précis, il est un ami de la victime. Dans le même temps, il connaît le milieu enseignant puisqu'il collabore régulièrement avec des professeurs. C'est par le biais artistique qu'il appréhende la transmission.

Son cursus médical lui permet également de comprendre les mécanismes physiques et psychologiques qui peuvent conduire un individu à perdre pied.

Jean Djemad est persuadé que les enseignants sont particulièrement exposés à ce genre de risques dans l'exercice de leur métier. Selon lui, « les professeurs sont en quelque sorte des tampons entre un monde empli de savoirs et un monde en déficit culturel ».

Il ne mâche pas ses mots en ce qui concerne la fonction de principal de collège ou de proviseur de lycée. Il m'avoue connaître « un certain nombre de chefs d'établissements » qu'il « considère comme des écraseurs de profs » même s'il nuance ses propos en ajoutant qu'il a heureusement eu l'occasion d'en rencontrer certains, très dynamiques, porteurs de projets constructifs et courageux.

Il précise que, « à l'Éducation nationale, comme dans tous les services publics, certains cadres ont évolué et sont devenus des techniciens des comptes. Ils sont serviles, ne pensent plus par eux-mêmes et font partie d'un appareil. Leur objectif : éviter les vagues. Ils privilégient l'ordre à la justice sociale, quelles que soient leurs idées politiques ».

Jean Djemad considère que « tout est question des choix politiques qui sont faits » et que « les politiques ne tiennent pas compte des évolutions qui se sont produites au fil des décennies ».

« À force de ne pas faire l'émancipation politique des populations, déplore-t-il, on fabrique de la marginalisation. La question du sens est pourtant cruciale. À quoi ça sert ? Transmettre quoi ? Comment ? Les notions évoluent. C'est le grand chantier de la société et cette tâche n'incombe pas aux seuls enseignants. Elle est bien trop lourde à porter sur leurs seules épaules. Or, aujourd'hui, les professeurs portent l'ensemble de la charge à éduquer. Leur solitude génère alors une angoisse et un découragement immenses. »

Jean Djemad évoque ensuite la formation des enseignants qu'il juge inadaptée. Selon lui, on n'apprend pas aux futurs professeurs que « l'espace de l'échange de connaissances est à construire et que ce qui s'échange par le sensible n'est pas donné en soi ». Ainsi, il regrette que dans les IUFM, on n'apprenne pas aux enseignants comment construire une pensée. Il précise que « la construction de soi ne se limite pas à la simple nourriture de connaissances ».

Enfin, je demande à mon interlocuteur ce qu'il pense de La Verrière, cet hôpital du sud des Yvelines où sont accueillis les personnels de L'Éducation nationale. En tant qu'ancien médecin, il connaît bien ce centre de la MGEN et selon lui, « c'est un lieu de recherches avancé en matière psychiatrique avec l'invention de l'hôpital de jour. Ainsi, en 1960, c'est le seul hôpital à soixante kilomètres à la ronde qui dispose d'un théâtre entre ses murs, et ce, jusqu'en 1976. Aujourd'hui, c'est encore un des rares hôpitaux à bénéficier d'un théâtre et à l'utiliser dans son projet. La compagnie « B3 » s'y produit et les patients de l'hôpital côtoient des artistes et des personnes extérieures à l'établissement ».

La création artistique est une thérapie et permet de mettre des mots sur des situations difficiles. Malheureusement, la thérapie n'apporte pas toujours de solution miracle et La Verrière laisse sortir des professeurs qui ne sont pas si guéris qu'ils en ont l'air. Le cas de cet enseignant en est la preuve. Bien que très engagé dans une action culturelle et artistique, il a été rattrapé par une angoisse plus forte que tout : celle de ne plus exister au regard des autres et de ne plus être reconnu comme enseignant qualifié. Son perfectionnisme est sans doute l'une des causes de son découragement.

En effet, les professeurs les plus engagés dans leur travail, les plus préoccupés par la réussite de leurs élèves et les plus exigeants envers eux-mêmes sont très certainement ceux qui sont les plus susceptibles de s'épuiser et de s'effondrer moralement lorsqu'ils sont confrontés à des événements qui les placent en situation d'échec. Ils donnent tout ce qu'ils ont et portent tous leurs espoirs sur la mission éducative qui leur a été confiée. C'est au moment où ils perdent leurs illusions que le monde s'écroule autour d'eux. Au sentiment d'avoir échoué s'ajoute la conscience de l'ingratitude de leur hiérarchie qui les abandonne à leur sort et de leurs élèves qui ne reconnaissent pas leur travail et ne font rien pour suivre leurs recommandations.

Le professionnalisme des enseignants n'est plus reconnu aujourd'hui. La parole des professeurs est sans cesse remise en cause et ces derniers ne peuvent plus se reposer sur une autorité incontestable. Ils se justifient en permanence et cela finit par les épuiser moralement et physiquement.

Le chef d'établissement : un coupable idéal ?

On peut à juste titre reprocher aux principaux de collèges ou aux proviseurs de lycée de privilégier parfois la parole des élèves et de leurs parents à celle du professeur. Sous prétexte que l'ordre doit régner dans leur collège ou dans leur lycée, certains d'entre eux préfèrent sacrifier l'un de leurs enseignants plutôt que de mettre en péril la bonne marche d'une classe ou d'un établissement. En cela, leur attitude est condamnable. La politique de l'autruche et la lâcheté n'ont jamais résolu les problèmes éducatifs et sociétaux de fond. On n'enfouit pas les situations de violence ni de désespoir dans le sable. C'est au chef d'établissement de faire preuve de courage et d'assumer sa responsabilité.

Mais est-il pour autant le seul responsable ? Un chef d'établissement a-t-il une grande marge de manœuvre ? J'ai moi-même songé à suivre une formation pour me présenter au concours de personnel de direction. Je voulais avoir une vue d'ensemble sur le système éducatif, prendre une certaine hauteur pour appréhender autrement mon métier et je pensais, naïvement, qu'en tant que chef d'établissement, je pourrais bénéficier d'une certaine autonomie pour mettre en place des projets et des actions ambitieuses.

Malheureusement, à la lecture des textes officiels et des nombreux documents exposant les rôles, les missions et les devoirs de cette fonction, je me suis vite rendue compte que la marge de liberté dont disposait un principal de collège ou un proviseur de lycée était toute relative. Tous les jours, le chef d'établissement doit rendre des comptes à l'inspection académique ou au rectorat. La paperasserie administrative et les réunions de toutes sortes accaparent une immense partie de son temps et sur le peu qu'il lui reste, il doit encore trouver de l'énergie pour gérer le quotidien d'un collège ou d'un lycée : entretiens avec des professeurs qui le sollicitent pour une question concernant des projets qu'ils souhaitent mettre en œuvre durant l'année, une sortie qu'ils désirent organiser, un problème qu'ils veulent résoudre avec un élève ; convocations de parents d'élèves pour une question concernant l'orientation ou la discipline ; réprimandes d'élèves qui ont failli à leurs devoirs ; gestions de crises plus variées et plus délicates les unes que les autres… Le surmenage n'est pas loin, d'autant plus qu'au moindre incident, bénin ou grave, c'est le chef d'établissement qui doit répondre devant la justice. C'est lui le responsable et toutes les décisions qu'il prend sont à ses risques et périls.

À la solitude de l'enseignant s'ajoute donc celle du chef d'établissement. Il ne prend pas toujours les bonnes décisions, ne gère pas toujours au mieux les situations de crise. Mais de quels moyens dispose-t-il pour venir en aide à des professeurs en détresse ? Le nombre d'exclusions auquel il a recours pour renvoyer des jeunes difficiles n'est pas illimité. Et lorsqu'un élève est exclu d'un collège, il se retrouve dans un établissement voisin. C'est le principe des vases communicants.

Et puis l'image de marque de l'établissement est en jeu quand un trop grand nombre d'incidents et d'exclusions y est recensé. Pour son évolution de carrière, un principal n'a pas toujours intérêt à ce que son collège fasse parler de lui.

Gérer les problèmes des enseignants et des élèves avant de rédiger des comptes rendus administratifs

Nul doute que bien des conflits pourraient être évités, ou tout au moins dédramatisés, si chacun prenait ses responsabilités en temps voulu, sans en référer systématiquement à sa hiérarchie pour résoudre le moindre problème. À force de mettre de côté les ennuis et de reporter à un jour lointain et improbable leurs résolutions, les situations de crise s'enveniment et prennent des proportions dramatiques.

Imaginez un pilote de ligne qui attendrait le feu vert de la tour de contrôle pour se poser en urgence alors qu'il n'a plus une once de carburant dans le réservoir ou bien encore un chirurgien qui chercherait à tout prix à obtenir l'autorisation de la famille injoignable d'un accidenté de la route pour se décider à opérer en urgence la victime… Les conséquences seraient tout bonnement désastreuses.

Et bien, dans d'autres domaines, les absences de prises de risque et de responsabilité individuelle provoquent des lourdeurs, des dysfonctionnements et, concernant les relations humaines au sein d'une entreprise, entraînent des frustrations et un malaise, source de névroses et de stress bien improductif.

Que faire alors ? Améliorer la gestion des ressources humaines qui fait cruellement défaut à l'Éducation nationale. Et sans doute passer plus de temps à écouter ce qu'ont à dire les professeurs et leurs élèves plutôt que de perdre du temps à rendre des comptes aux services administratifs. La paperasse, les chiffres, les données statistiques, les rapports académiques et ministériels, les réunionites, les enquêtes sous forme de QCM ne traduisent pas la réalité sur le terrain, demeurent trop généralistes et n'apportent aucune solution. C'est du temps peu productif qui serait bien mieux utilisé à apporter des réponses immédiates et en temps voulu dès que le début du commencement d'un conflit se profile à l'horizon. À chaque cas, une solution. Tout n'est pas inscrit dans les textes. Il faut pouvoir gérer les problèmes de chaque enseignant et de chaque élève en priorité. Les comptes rendus administratifs attendront…

Le ministre de l'Éducation nationale exprime ses condoléances par voie de presse

Ce fameux « droit de réserve » dont doit faire preuve tout bon enseignant qui se respecte, ne faut-il pas l'entendre comme « un droit de la fermer » auquel sont vivement invités tous les profs qui auraient songé un moment à « l'ouvrir » pour exprimer leur mécontentement ? Le droit de se taire, certains professeurs l'ont choisi… dans la tombe.

Je refuse quant à moi de passer sous silence toutes les injustices, absurdités et aberrations d'un système bien imparfait et je suis loin d'être la seule…

Bruno Besnaïnou, mari de Muriel, une enseignante Rased qui s'est donné la mort le 6 octobre 2008 dans son école à Massy, dans l'Essonne a écrit une lettre à « Monsieur le Ministre de l'Éducation Nationale, Monsieur le Recteur d'Académie » et à « Monsieur l'Inspecteur d'Académie » afin de contester la version officielle donnée par l'administration lors de la mort de son épouse. Selon les dires de l'administration, l'enseignante souffrait de dépression et, en résumé, sa mort n'avait aucun rapport avec la question de la suppression des professeurs Rased.

Voici son courrier révélé par *Le Parisien* le 27 décembre 2008 et dont l'AFP a eu copie. Il a souhaité cette lettre « ouverte » et « adressée à la presse ». Je la retranscris ici dans son intégralité dans la mesure où Bruno Besnaïnou que j'ai pu contacter par téléphone l'a rédigée pour rétablir une certaine vérité. Il me rappelle que son épouse était sortie de la dépression au moment du drame et qu'elle avait l'espoir d'une vie meilleure. Il se dit que le rectorat a failli à son devoir de secret professionnel. Il souhaite donc diffuser cette lettre au plus grand nombre.

« Monsieur le Ministre de l'Éducation Nationale, Monsieur le Recteur d'Académie, Monsieur l'Inspecteur d'Académie.

Je vous remercie des condoléances dont vous m'avez fait part après le suicide de ma femme Muriel, institutrice spécialisée, qui s'est donné la mort dans l'après-midi du 6 octobre dernier au groupe scolaire Gambetta-de-Massy, son lieu de travail.

Je prends le temps de vous répondre, passé le premier choc, pour attirer cependant votre attention sur plusieurs faits qui dans ces circonstances douloureuses ont témoigné de bien peu d'empathie et de respect des personnes.

Le corps de ma femme n'était pas encore au funérarium, que l'Inspecteur d'Académie convoquait dans ses locaux du groupe scolaire une réunion des enseignants, auxquels il enjoignait de n'évoquer que « des problèmes personnels », face aux questions que ne manquerait pas de susciter un tel événement.

Dès le lendemain, 7 octobre, le Recteur d'Académie divulguait une information du dossier médical de ma femme censé être confidentiel, trahissant ainsi le secret professionnel, au journal de 13 heures de France 2 et sur RTL le même jour. À cette entorse grave au secret professionnel, s'ajoutaient des informations inexactes qui tendaient de manière allusive à faire passer ma femme pour une dépressive chronique. Ainsi, la moitié de son temps d'arrêt maladie en 2007 n'était pas due à la dépression mais à une cause médicale bien distincte. Suite à cet arrêt de travail, ma femme a repris son poste en décembre 2007 juste avant les vacances de Noël, et non à la rentrée 2008 comme l'a affirmé publiquement sa hiérarchie.

Ces mêmes interventions publiques et largement médiatisées ont en revanche bien peu fait mention de la compétence et de la qualité du travail de ma femme, reconnues et saluées tant par ses collègues que par les parents d'élèves.

Muriel était une femme passionnée par son travail, animée du souci permanent de bien faire et d'une grande exigence professionnelle. Outre sa formation de professeur des écoles et sa formation de rééducatrice, elle avait fait deux années d'études supérieures en lettres (hypokhâgne et khâgne) puis obtenu sa licence de Lettres en Sorbonne. *C'est dire que son engagement auprès des enfants dans le cadre des* Réseaux *d'*Aide Spécialisée *aux* Élèves *en* Difficulté *était un choix personnel qui correspondait à une motivation profonde.*

Je peux témoigner, comme tout son entourage, qu'elle souffrait du manque de reconnaissance dont pâtit particulièrement cette catégorie d'enseignants, et qu'elle évoquait souvent, la semaine précédente, l'intention annoncée de supprimer des postes et de modifier profondément le fonctionnement du RASED *comme une source d'angoisse pour elle. Que cette intention, enfin, allait totalement à l'encontre du développement de son travail en direction des enfants en difficultés.*

Personne ne saura ce qui a pu déclencher son acte de désespoir. Mais la façon expéditive et réductrice qui a été utilisée pour parler de son acte n'a rien à voir avec le respect de la vérité ni de sa personne.

Enfin, si le souci de filtrer l'information semble avoir été primordial pour sa hiérarchie, pourquoi les détails de sa mort ont-ils été divulgués sur les ondes à des heures de grande écoute, sans tenir compte des conséquences possibles pour mes enfants ?

Cet ensemble de considérations m'amène à souhaiter le rétablissement public d'une certaine équité dans la présentation de cette affaire, aussi ma réponse prendra-t-elle la forme d'une lettre ouverte, adressée à la presse.

Je vous prie d'agréer, Monsieur le Ministre, Messieurs, l'expression de ma haute considération. »

Le recteur de l'Académie de Versailles a réfuté ces accusations, disant à l'AFP « respecter la douleur » de M. Besnaïnou. Selon le recteur, « nous n'avons cherché à faire passer aucun message. Ce qu'on a simplement dit, c'est que nous n'avions aucun élément particulier permettant de faire le lien entre ce geste et le Rased ».

Mais si l'époux de cette enseignante a cru bon d'écrire une « lettre ouverte », c'est qu'il a estimé utile de rendre justice à une femme engagée dans une mission éducative qu'elle savait nécessaire.

Le plus surprenant, c'est que le ministre de l'Éducation nationale en personne se serait contenté d'exprimer ses condoléances dans les médias, l'époux de la victime m'ayant confirmé n'avoir reçu à ce jour aucune lettre du ministère de l'Éducation.

Une fois de plus, le suicide de ce professeur dépasse le cadre strictement personnel. L'angoisse d'un avenir incertain et le manque de reconnaissance d'un travail exigeant entrent en jeu dans ce drame humain. Que les instances hiérarchiques de l'Éducation nationale nient cette évidence ne m'étonne pas. Il est bien plus facile d'évacuer les problèmes que de les prendre à bras-le-corps pour les résoudre…

Postface

Y a-t-il des changements en perspective ? Les professeurs ont-ils raison de se montrer aussi pessimistes pour leur propre avenir et pour celui de l'École ?

51 % des enseignants indiquent vouloir changer de métier selon une source enquête 2008 de la Sgen-CFDT (Syndicat général de l'Éducation nationale-Confédération française démocratique du travail) rapportée par le magazine *Le Point* qui faisait sa une le 4 décembre 2008 sur « Les profs. Tout ce que l'on n'ose pas dire ». Les enseignants sont donc nombreux à penser aujourd'hui à une reconversion.

Les professeurs ne sont pas non plus contre l'idée de faire bouger le « Mammouth ». Le problème, c'est que l'économie budgétaire semble la vraie raison qui sous-tend tous les changements et je ne suis pas certaine que les réformes proposées, imposées devrais-je dire, aillent toujours dans le bon sens.

Il est vrai, d'après les chiffres donnés par l'Éducation nationale, que le budget de son ministère s'élevait en 2008 à 58 milliards d'euros, constituant un peu plus de 28 % du budget de l'État, le premier de la Nation. On peut donc admettre que le ministère de l'Éducation parte à la chasse aux gaspillages. Le problème est qu'il s'appuie pour ce faire sur des chiffres et des données, pour le moins abstraits. Ainsi, selon les chiffres de l'OCDE, la moyenne européenne serait d'un prof pour treize élèves. En France, ce ratio indique un prof pour douze élèves. Mais cet outil statistique ne traduit en rien la réalité sur le terrain. Il ne consiste qu'à diviser le nombre global d'élèves par celui des professeurs. Dans les lycées français, les élèves sont généralement plus de trente par classe !

Les coupes budgétaires sont-elles appliquées aux endroits les plus stratégiques ?

Pour que les enseignants puissent bénéficier d'une amélioration de leurs conditions de travail, pour leur bien-être et celui de leurs élèves, je ne trouve pas très adéquat le fait de supprimer des postes d'enseignants. Ce sont eux qui constituent le nerf de la guerre. Plus les élèves pourront travailler par petits groupes, dans le calme, plus ils recevront une aide individualisée, et ce, tout au long de l'année. Ce n'est pas en multipliant les heures de remise à niveau que les jeunes s'en sortiront davantage. En effet, la surcharge et la quantité de travail ne riment pas avec qualité.

De même, il est question de supprimer les IUFM à la rentrée 2009. Dès la réussite du concours, les étudiants iront directement enseigner dans les classes, devant les élèves.

Je suis consciente que la formation dispensée dans ses instituts était loin d'être toujours bien adaptée aux besoins des futurs enseignants. J'en ai même eu la confirmation cette année en écoutant le témoignage de deux stagiaires IUFM qui m'apprenaient que rien n'avait changé. Mais n'aurait-il mieux pas fallu améliorer ses écoles, les rendre plus utiles aux futurs enseignants, plus pragmatiques, que de les supprimer purement et simplement ? Désormais, les jeunes profs devront-ils faire leurs armes tout seuls ?…

Quant à l'efficacité de certaines réformes, elle laisse rêveur. Ainsi, le ministère a annoncé à tous les enseignants qu'ils pourraient désormais appeler un *numéro Azur* afin de tout savoir sur leur « mutation en un coup de fil ». Je n'ai pas pu m'empêcher d'appeler ce numéro, par curiosité… J'ai demandé à la standardiste ce qui changeait avec les années précédentes.

Elle m'a répondu que c'était « pareil ». Avec le numéro « info mobilité », c'est donc du « pareil autrement »….

*

La volonté affichée du ministère est de « remettre le travail à l'école », c'est-à-dire que les professeurs acceptent d'être présents tous les jours de la semaine, du matin au soir, dans les collèges et les lycées pour faire travailler leurs élèves mais également pour remplacer au pied levé un collègue absent et pourquoi pas effectuer des tâches de secrétariat et faire de la surveillance dans les couloirs et dans la cour…

De même, l'enseignant se doit aujourd'hui d'être « productif ». Reste à savoir comment évaluer la « productivité » d'un prof quand il est confronté à des enfants qui ne maîtrisent pas le B.A.-BA et qui ne veulent pas apprendre…

Enfin, le ministère incite les professeurs à effectuer des heures supplémentaires, officiellement pour leur permettre de gagner plus, officieusement pour supprimer des postes.

Vu l'état de stress et la pression qui s'exerce actuellement sur les professeurs, je crains qu'ils ne soient pas tous en mesure d'effectuer des heures supplémentaires dans les conditions d'enseignement actuelles, notamment dans les établissements « difficiles ». Quant à effectuer un temps de présence supplémentaire dans les établissements scolaires, pourquoi pas mais pour faire quoi au juste ? Pour « assister » les élèves, pour faire leurs devoirs à leur place, pour les « garder » au chaud afin qu'ils ne traînent pas dans les rues ?

L'École publique va devenir une immense garderie où les élèves, après huit heures de cours quotidiens pourront rester deux bonnes heures supplémentaires pour… apprendre bien sûr ! Mais il faudra m'expliquer par quel miracle ils se mettraient au travail à six heures le soir alors qu'ils ont passé pour certains d'entre eux la journée à bavarder et à s'amuser !

Quant à l'enseignant présent dans l'enceinte du collège ou du lycée, bénéficiera-t-il des moyens et des conditions optimales pour travailler ? Pourra-t-il disposer d'un ordinateur ? D'un bureau ?…

*

De toute façon, la « messe est dite » car, selon le ministre de l'Éducation nationale, « le système éducatif n'est pas fait pour les enseignants, il est fait pour les élèves et pour la famille ».

Le ministère a ainsi édité à cinq millions d'exemplaires un « livre blanc » pour expliquer les programmes scolaires aux parents. C'est le « guide des parents ». Ces derniers sont invités à joindre les inspecteurs d'Académie dont ils peuvent trouver les coordonnées sur le site de l'Éducation nationale. Ils peuvent se plaindre, même sous l'anonymat, d'un enseignant qui n'appliquerait pas les nouveaux programmes…

Surveillance renforcée des profs donc, et ce, par les parents d'élèves eux-mêmes !

Au train où vont les choses, il n'y aura bientôt plus suffisamment de places pour accueillir tous les enseignants dépités à La Verrière !

*

Dans *La Vie des autres*, film allemand de Florian Henckel von Donnersmarck sorti en 2006, le personnage Georg Dreyman est un dramaturge allemand qui réside à Berlin-Est en 1984. Après le suicide de son ami metteur en scène, il rédige un article sur le recensement des suicides en RDA. Voici la teneur du texte :

« De l'autre côté du mur, l'administration centrale de l'État pour les statistiques située rue Hans Beimler, calcule tout et sait tout : combien de chaussures j'achète par an : 3,2 ; combien de livres je lis par an : 2,3 et combien d'élèves passent le bac chaque année avec mention Bien : 6 347. Il n'y a qu'une seule chose qui ne

soit pas comptabilisée, peut-être parce que ce chiffre fait du mal aux bureaucrates eux-mêmes : c'est le nombre de suicides. Si vous appelez le centre des statistiques et demandez combien de personnes de l'Elde à l'Oder, de la Baltique au mont Metalifer, poussées par le désespoir, ont choisi la mort, alors notre oracle comptable se tait et s'empresse de noter votre nom pour le livrer aux services de la sécurité de l'État, ces messieurs grisonnants qui s'occupent de notre sécurité dans le pays et de notre bonheur. En 1977, notre pays cessa de comptabiliser les « suicidés ». Les suicidés, c'est le nom qu'ils leur donnèrent. Ainsi cette action n'avait plus rien de commun avec un meurtre : aucune effusion de sang, aucune passion. Juste la mort, la mort de l'espoir... »

Selon un rapport de l'Organisation mondiale de la santé paru en 2007, l'Hexagone occupe la troisième marche du podium des nations où « les dépressions liées au travail » sont les plus nombreuses, devancée seulement par l'Ukraine et les États-Unis.

Devant la gravité du problème, le ministre du Travail, des Relations Sociales, de la Famille et de la Solidarité a annoncé le mercredi 12 mars 2008 le lancement d'une enquête nationale pour mesurer le stress au travail et identifier les secteurs touchés.

Cette « veille épidémiologique » confiée à l'INVS (Institut national de veille sanitaire) avec la Cnam

(Caisse nationale d'assurance maladie) arrive à point nommé. En effet, dans le « pays des droits de l'homme et des libertés », j'ai pu constater à quel point il était difficile de courir après les statistiques et de recenser le nombre d'enseignants qui avaient pu se donner la mort suite à un mal-être personnel et professionnel.

Le suicide au travail demeure encore un sujet tabou et la société préfère faire semblant de croire que « les suicidés » demeurent des personnes fragiles ; certains allant même jusqu'à laisser entendre que le suicide est inscrit dans leur patrimoine génétique. Ce genre de conclusion hâtive évite bien des remises en question et évacue toute mauvaise conscience. Mais l'ennui, le stress, l'angoisse, la colère auxquels on peut ajouter l'immense sentiment de solitude et d'injustice ne sont pas innés !

Si l'Éducation nationale pouvait museler les médias, nul doute qu'elle le ferait ! Finis les suicides, les dépressions, les agressions dans l'enceinte des établissements scolaires. À la rigueur, les instances administratives daigneraient faire état de rares « incidents mineurs sans gravité » afin de contenter la curiosité de certains mais c'est un optimisme sans faille qu'elle afficherait la plupart du temps.

L'institution scolaire devrait prendre soin de ses professeurs et de son personnel en général. Elle qui a placé « l'élève au cœur du système éducatif » oublie trop souvent qu'il n'y a pas d'élève sans prof. Alors, autant que l'enseignant dispose de toutes ses facultés mentales. Un prof dépressif ou juste déprimé ne « produira » rien de bon…

*

Pour conclure sur une note d'humour, je voudrais rappeler qu'aucune loi, aucun règlement n'est en mesure de tout prévoir en matière de gestion de crises. Parfois, le danger peut venir de bien loin et c'est le bon sens de l'enseignant qui permettra d'éviter un drame ou une tragédie. Ainsi, dans une dépêche *Reuters* datée du 6 décembre 2008, les internautes ont pu lire qu'une collégienne s'était présentée en cours d'histoire dans un établissement situé près de Verdun avec un obus de la Première Guerre mondiale. Elle avait trouvé l'engin près de la grange familiale. Heureusement, l'enseignant avait pris la sage décision d'évacuer ses élèves et d'alerter les services de déminage. L'un des démineurs avait même reconnu auprès du quotidien régional *Le Républicain lorrain* que l'obus aurait pu s'avérer potentiellement mortel dans un périmètre d'un kilomètre.

Il ne viendrait à personne l'idée de remettre en cause la bonne intention de l'adolescente désireuse d'apporter un « outil » pédagogique concret et insolite en classe. Son inconscience est somme toute, bien pardonnable. Mais qu'en aurait-il été en cas de tragédie ? Le règlement intérieur avait-il mentionné explicitement l'interdiction d'apporter un obus de l'ancien millénaire en classe ?

Aux États-Unis, les usagers et les consommateurs multiplient les procédures judiciaires dès le moindre problème en arguant que la notice emballant le produit n'avait pas stipulé la dangerosité de telle ou telle utilisation. En France et en Europe, il me semble que l'on tend de plus en plus vers ce genre d'abus légaliste qui pollue les relations humaines.

Faisons confiance au bon sens de chacun, en l'occurrence ici, à celui de tous ces enseignants qui n'ont qu'une envie : celle de pouvoir enseigner en paix, dans de bonnes conditions, sans pression ni intimidation d'aucune sorte. Ne sont-ils pas des professionnels de l'éducation ? Cessons donc de remettre en question le bien-fondé de leur enseignement et soutenons-les plutôt dans leur rôle de « passeurs » des connaissances et de savoir-faire. Que leur énergie tout entière puisse aller dans cette mission et pas dans la gestion de crises inextricables et de stress improductif.

Un enseignant enseigne ; dans une certaine mesure, il éduque mais jamais il n'a « pactisé » pour remplir le rôle de punching-ball ni de bouc émissaire. Que chacun prenne donc ses responsabilités car le prof n'est pas « la bonne à tout faire » d'une société qui préfère dissimuler les problèmes plutôt que de les régler avec courage et ténacité…

Remerciements

Je tiens à remercier tous ceux qui n'ont pas hésité à m'ouvrir leurs portes et leur cœur pour témoigner. Les échanges que j'ai pu avoir avec eux m'ont permis d'enrichir la réflexion sur un sujet aussi grave que peut l'être la question des dépressions et des suicides enseignants.

Je remercie chaleureusement les personnes ci-dessous :

Christophe Lermuzeaux, médecin chef à l'Institut Marcel-Rivière pour ses précisions dans le domaine de la psychiatrie.

Madeleine Abassade, directrice du Relais Mutualiste à l'Institut Marcel-Rivière pour avoir su présenter la thérapie sous la bannière artistique.

André Ratabouil, bénévole à l'Autonome de solidarité pour les précieuses informations et les nombreux exemples qu'il a apportés sur les nouveaux risques du métier.

Jean Djemad pour la finesse de ses réflexions sur les questions de la transmission et pour la délicatesse dont il a fait part concernant son témoignage au sujet du suicide de son ami enseignant.

Bruno Besnaïnou, artiste, père et mari d'une institutrice qui s'est donnée la mort dans son école, qui a gentiment répondu à mes questions par téléphone au sujet de la lettre ouverte qu'il a envoyée aux instances hiérarchiques de l'Éducation nationale.

Je remercie aussi tous ces professeurs qui ont témoigné dans l'anonymat. Les récits de leur expérience sont tous plus éloquents les uns que les autres.

À travers ce livre, j'espère avoir su rendre hommage à tous ces professeurs victimes qui ont choisi l'enseignement par vocation et que le système écoute rarement.

Réformer l'Éducation nationale, c'est aussi reconnaître la souffrance de ces milliers d'acteurs anonymes, les enseignants, qui n'attendent qu'une chose : pouvoir exercer leur métier dignement.

Sommaire

Collection « Coup de gueule »
dirigée par Jean-Claude Gawsewitch

Alexandre Adler, Gilles-William Goldnadel, *Conversation sur les sujets qui fâchent*
Guillaume D'Alessandro, *AZF : une vérité foudroyante*
Olivier Bardolle, *Éloge de la graisse*
Christophe et Martine Beck, *L'Otage oublié*
Jean-Paul Brighelli, *La Fabrique du crétin*
Jean-Paul Brighelli, *À bonne école*
Jean-Paul Brighelli, *Une École sous influence*
Jean-Paul Brighelli, *Fin de récré*
Guy Carlier, *La vie, l'amour, le foot*
Dominique Decèze, *France Telecom, La Machine à broyer*
Dominique Decèze, *Haute Tension à EDF-GDF*
Dominique Decèze, *Services publics, la grande braderie*
Dominique Decèze, *Gare au travail*
Pierre Delval, Guy Zilberstein, *La Contrefaçon, un crime organisé*
Caroline Derrien, Candice Nedelec, *Sarkozy et les femmes, un homme sous influence*
Gérard Filoche, *Mai 68 : Histoire sans fin*
Gérard Filoche, *Les Caisses noires du patronat*
Gilles Gaetner, *Rachida Dati, et si on parlait de vous ?*
Jacques Gaillot, *Carnets de route*
Francis Guthleben, *Scandales à France Télévisions*
Marc Le Bris, *Bonheur d'école*
Michel Malaussena, *Les Animatueurs*
Noël Mamère, Patrick Farbiaz, *La Tyrannie de l'émotion*
Noël Mamère, Patrick Farbiaz, *Petits arrangements entre amis*
Jeannine Martigny, *Otages à perpétuité*
Maurice T. Maschino, *Un Geste ordinaire*
Maurice T. Maschino, *L'École de la lâcheté*
Patrick Maugein, *Ouï-dire sur la mort*
William Nasarre, *Confidences dérangeantes d'un homme d'église*
Rosemonde Pujol, *Un petit bout de bonheur*
Rosemonde Pujol, *Le Vingtième sexe*
Barbara Romagnan, *Du Sexe en politique*
Michel Sapanet, *Chroniques d'un médecin légiste*
Catherine Sauvat, *Sœur Sourire*
Jacques Séguéla, *Tous ego*
Régis Sérange, *Flic de supermarché*

Composition et mise en pages : FACOMPO, LISIEUX

Dépôt légal : avril 2009

Achevé d'imprimer en Allemagne
par l'imprimerie
GGP Media GmbH, Pößneck